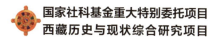
国家社科基金重大特别委托项目
西藏历史与现状综合研究项目

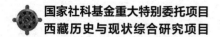

国家社科基金重大特别委托项目
西藏历史与现状综合研究项目

西藏寺院旅游收入分配机制研究

王亚欣　著

社会科学文献出版社
SOCIAL SCIENCES ACADEMIC PRESS (CHINA)

西藏历史与现状综合研究项目
编 委 会

总　序

郝时远

　　中国的西藏自治区，是青藏高原的主体部分，是一个自然地理、人文社会极具特色的地区。雪域高原、藏传佛教彰显了这种特色的基本格调。西藏地区平均海拔 4000 米，是人类生活距离太阳最近的地方；藏传佛教集中体现了西藏地域文化的历史特点，宗教典籍中所包含的历史、语言、天文、数理、哲学、医学、建筑、绘画、工艺等知识体系之丰富，超过了任何其他宗教的知识积累，对社会生活的渗透和影响十分广泛。因此，具有国际性的藏学研究离不开西藏地区的历史和现实，中国理所当然是藏学研究的故乡。

　　藏学研究的历史通常被推溯到 17 世纪西方传教士对西藏地区的记载，其实这是一种误解。事实上，从公元 7 世纪藏文的创制，并以藏文追溯世代口传的历史、翻译佛教典籍、记载社会生活的现实，就是藏学研究的开端。同一时代汉文典籍有关吐蕃的历史、政治、经济、文化、社会生活及其与中原王朝互动关系的记录，就是中国藏学研究的本土基础。现代学术研究体系中的藏学，如同汉学、东方学、蒙古学等国际性的学问一样，曾深受西学理论和方法的影响。但是，西学对中国的研究也只能建立在中国历史资料和学术资源基础之上，因为这些历史资料、学术资源中所蕴含的不仅是史实，而且包括了古代记录者、撰著者所依据的资料、分析、解读和观念。因此，中国现代藏学研究的发展，不仅需要参考、借鉴和吸收西学的成就，而且必须立足本土的传统，光大中国藏学研究的中国特色。

作为一门学问，藏学是一个综合性的学术研究领域，"西藏历史与现状综合研究项目"即是立足藏学研究综合性特点的国家社会科学基金重大特别委托项目。自 2009 年 "西藏历史与现状综合研究项目" 启动以来，中国社会科学院建立了项目领导小组，组成了专家委员会，制定了《"西藏历史与现状综合研究项目"管理办法》，采取发布年度课题指南和委托的方式，面向全国进行招标申报。几年来，根据年度发布的项目指南，通过专家初审、专家委员会评审的工作机制，逐年批准了一百多项课题，约占申报量的十分之一。这些项目的成果形式主要为学术专著、档案整理、文献翻译、研究报告、学术论文等类型。

承担这些课题的主持人，既包括长期从事藏学研究的知名学者，也包括致力于从事这方面研究的后生晚辈，他们的学科背景十分多样，包括历史学、政治学、经济学、民族学、人类学、宗教学、社会学、法学、语言学、生态学、心理学、医学、教育学、农学、地理学和国际关系研究等诸多学科，分布于全国 23 个省、自治区、直辖市的各类科学研究机构、高等院校。专家委员会在坚持以选题、论证等质量入选原则的基础上，对西藏自治区、青海、四川、甘肃、云南这些藏族聚居地区的学者和研究机构，给予了一定程度的支持。这些地区的科学研究机构、高等院校大都具有藏学研究的实体、团队，是研究西藏历史与现实的重要力量。

"西藏历史与现状综合研究项目"具有时空跨度大、内容覆盖广的特点。在历史研究方面，以断代、区域、专题为主，其中包括一些历史档案的整理，突出了古代西藏与中原地区的政治、经济和文化交流关系；在宗教研究方面，以藏传佛教的政教合一制度及其影响、寺规戒律与寺庙管理、僧人行止和社会责任为重点，突出了藏传佛教与构建和谐社会的关系；在现实研究方面，则涉及政治、经济、文化、社会和生态环境等诸多领域，突出了跨越式发展和长治久安的主题。

在平均海拔 4000 米的雪域高原，实现现代化的发展，是中国改革开放以来推进经济社会发展的重大难题之一，也是没有国际经验可资借鉴的中国实践，其开创性自不待言。同时，以西藏自治区现代化为主题的经济社会发展，不仅面对地理、气候、环境、经济基础、文化特点、社会结构等特殊性，而且面对境外达赖集团和西方一些所谓"援藏"势力制造的"西藏问题"。因此，这一项目的实施也必然包括针对这方面的研究选题。

所谓"西藏问题"是近代大英帝国侵略中国、图谋将西藏地区纳入其殖民统治而制造的一个历史伪案，流毒甚广。虽然在一个世纪之后，英国官方承认以往对中国西藏的政策是"时代错误"，但是西方国家纵容十四世达赖喇嘛四处游说这种"时代错误"的国际环境并未改变。作为"时代错误"的核心内容，即英国殖民势力图谋独占西藏地区，伪造了一个具有"现代国家"特征的"香格里拉"神话，使旧西藏的"人间天堂"印象在西方社会大行其道，并且作为历史参照物来指责 1959 年西藏地区的民主改革、诋毁新西藏日新月异的现实发展。以致从 17 世纪到 20 世纪上半叶，众多西方人（包括英国人）对旧西藏黑暗、愚昧、肮脏、落后、残酷的大量实地记录，在今天的西方社会舆论中变成讳莫如深的话题，进而造成广泛的"集体失忆"现象。

这种外部环境，始终是十四世达赖喇嘛及其集团势力炒作"西藏问题"和分裂中国的动力。自 20 世纪 80 年代末以来，随着苏联国家裂变的进程，达赖集团在西方势力的支持下展开了持续不断、无孔不入的分裂活动。达赖喇嘛以其政教合一的身份，一方面在国际社会中扮演"非暴力"的"和平使者"，另一方面则挑起中国西藏等地区的社会骚乱、街头暴力等分裂活动。2008 年，达赖集团针对中国举办奥运会而组织的大规模破坏活动，在境外形成了抢夺奥运火炬、冲击中国大使馆的恶劣暴行，在境内制造了打、砸、烧、杀的严重罪行，其目的就是要使所谓"西藏问题"弄假成真。而一些西方国家对此视而不见，则大都出于"乐观其成"的"西化""分化"中国的战略意图。其根本原因在于，中国的经济社会发展蒸蒸日上，西藏自治区的现代化进程不断加快，正在彰显中国特色社会主义制度的优越性，而西方世界不能接受中国特色社会主义取得成功，达赖喇嘛不能接受西藏地区彻底铲除政教合一封建农奴制度残存的历史影响。

在美国等西方国家的政治和社会舆论中，有关中国的议题不少，其中所谓"西藏问题"是重点之一。一些西方首脑和政要时不时以会见达赖喇嘛等方式，来表达他们对"西藏问题"的关注，显示其捍卫"人权"的高尚道义。其实，当"西藏问题"成为这些国家政党竞争、舆论炒作的工具性议题后，通过会见达赖喇嘛来向中国施加压力，已经成为西方政治作茧自缚的梦魇。实践证明，只要在事实上固守"时代错误"，所谓"西藏问题"的国际化只能导致搬石砸脚的后果。对中国而言，内因是变化的依据，外因是变化的条件这一哲学原理没有改变，推进"中国特色、西藏特点"现代化建设的时间表是由中国确定的，中国具备抵御任何外部势力破坏国家统一、民族团结、社会稳定的能力。从这个意义上说，本项目的实施不仅关注了国际事务中的涉藏斗争问题，而且尤其重视西藏经济社会跨越式发展和长治久安的议题。

在"西藏历史与现状综合研究项目"的实施进程中，贯彻中央第五次西藏工作座谈会的精神，落实国家和西藏自治区"十二五"规划的发展要求，是课题立项的重要指向。"中国特色、西藏特点"的发展战略，无论在理论上还是在实践中，都是一个现在进行时的过程。如何把西藏地区建设成为中国"重要的国家安全屏障、重要的生态安全屏障、重要的战略资源储备基地、重要的高原特色农产品基地、重要的中华民族特色文化保护地、重要的世界旅游目的地"，不仅需要脚踏实地地践行发展，而且需要科学研究的智力支持。在这方面，本项目设立了一系列相关的研究课题，诸如西藏跨越式发展目标评估，西藏民生改善的目标与政策，西藏基本公共服务及其管理能力，西藏特色经济发展与发展潜力，西藏交通运输业的发展与国内外贸易，西藏小城镇建设与发展，西藏人口较少民族及其跨越式发展等研究方向，分解出诸多的专题性研究课题。

注重和鼓励调查研究，是实施"西藏历史与现状综合研究项目"的基本原则。对西藏等地区经济社会发展的研究，涉面甚广，特别是涉及农村、牧区、城镇社区的研究，都需要开展深入的实地调查，课题指南强调实证、课题设计要求具体，也成为这类课题立项的基本条件。在这方面，我们设计了回访性的调查研究项目，即在 20 世纪五六十年代开展的藏区调查基础上，进行经济社会发展变迁的回访性调查，以展现半个多世纪以来这些微观社区的变化。这些现实性的课题，广泛地关注了经济社会的各个领域，其中包括人口、妇女、教育、就业、医疗、社会保障等民生改善问题，宗教信仰、语言文字、传统技艺、风俗习惯等文化传承问题，基础设施、资源开发、农牧业、旅游业、城镇化等经济发展问题，自然保护、退耕还林、退牧还草、生态移民等生态保护问题，等等。我们期望这些陆续付梓的成果，能够从不同侧面反映西藏等地区经济社会发展的面貌，反映藏族人民生活水平不断提高的现实，体现科学研究服务于实践需求的智力支持。

如前所述，藏学研究是中国学术领域的重要组成部分，也是中华民族伟大复兴在学术事业方面的重要支点之一。"西藏历史与现状综合研究项目"的实施涉及的学科众多，它虽然以西藏等藏族聚居地区为主要研究对象，但是从学科视野方面进一步扩展了藏学研究的空间，也扩大了从事藏学研究的学术力量。但是，这一项目的实施及其推出的学术成果，只是当代中国藏学研究发展的一个加油站，它在一定程度上反映了中国藏学研究综合发展的态势，进一步加强了藏学研究服务于"中国特色、西藏特点"的发展要求。但是，我们也必须看到，在全面建成小康社会和全面深化改革的进程中，西藏实现跨越式发展和长治久安，无论是理论预期还是实际过程，都面对着诸多具有长期性、复杂性、艰巨性特点的现实问题，其中包括来自国际层面和境外达赖集团的干扰。继续深化这些问题的研究，可谓任重道远。

在"西藏历史与现状综合研究项目"进入结项和出版阶段之际，我代表"西藏历史与现状综合研究项目"专家委员会，对全国哲学社会科学规划办公室、中国社会科学院及其项目领导小组几年来给予的关心、支持和指导致以崇高的敬意！对"西藏历史与现状综合研究项目"办公室在组织实施、协调联络、监督检查、鉴定验收等方面付出的努力表示衷心的感谢！同时，承担"西藏历史与现状综合研究项目"成果出版事务的社会科学文献出版社，在课题鉴定环节即介入了这项工作，为这套研究成果的出版付出了令人感佩的努力，向他们表示诚挚的谢意！

2013 年 12 月北京

目　录

第一章　绪论

第一节　研究的背景分析

"白天看庙，晚上睡觉"是对我国传统旅游的形象比喻，同时也说明寺院旅游在我国旅游活动中的代表性。随着青藏铁路二期工程的建成通车，西藏旅游进入了高速发展阶段，有人用"井喷"形容它。与此同时，作为西藏一大特色的寺院旅游更是吸引了众多国内外游客。特别是在旅游旺季，西藏一些著名的寺院游人如潮，摩肩接踵。

在西藏寺院旅游一片繁荣的景象下，人们也不难发现：寺院旅游两极分化现象十分严重。与著名大寺院热闹非凡景象不同的是，西藏大量小寺院门可罗雀，鲜有游人光顾，寺院旅游发展的非均衡性问题较为突出。那么，寺院旅游发展的非均衡性的具体表现是什么？导致寺院旅游发展非均衡性的原因是什么？寺院旅游非均衡发展会带来哪些影响？上述问题，已经开始引起人们的关注，也引发我们对西藏寺院旅游发展的思考，引发我们对西藏寺院旅游收入分配问题的探讨。

一　旅游业快速发展，"冷""热"问题突出

改革开放以来，特别是青藏铁路二期工程建成通车以后，西

藏旅游快速发展。2006～2014年的短短9年时间里，除了2008年受西藏"3·14"事件和世界经济危机的影响，西藏旅游明显下滑外，其余各年份西藏的旅游人数激增，旅游收入明显提高（详见表1-1和图1-1）。

表1-1　2006～2014年西藏旅游人次和旅游收入及其同比增长

年份	人次（万）	同比增长（%）	收入（亿元）	同比增长（%）
2006	251	—	27.71	—
2007	402	60.16	48.52	75.10
2008	224	-44.28	22.59	-53.44
2009	556	148.21	52.4	131.96
2010	685	23.20	71.44	36.34
2011	869	26.86	97.06	35.86
2012	1058	21.75	132	36.00
2013	1291	22.02	165	25
2014	1553	20.29	204	23.64

资料来源：西藏旅游局、中央政府门户网站（www.gov.cn）、新华社、新华网。

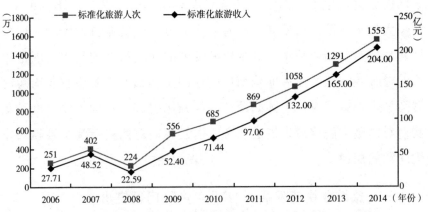

图1-1　2006～2014年西藏旅游人次和旅游收入对比示意

旅游业的快速发展极大地带动了西藏经济的整体发展，人们的社会生产生活水平明显得到改善。据统计，1995~2012 年，西藏自治区旅游总收入从 2.14 亿元增加到 126.47 亿元，年递增 27.12%，详见表 1-2。

表 1-2　1995~2012 年西藏旅游收入情况

年份	旅游总收入（亿元）	国内旅游收入（万元）	外汇收入（万美元）
1995	2.14	6340	1130
2000	6.75	25834	5226
2005	19.35	157536	4443
2006	27.71	228929	6094
2011	97.06	886341	12963
2012	126.47	1198017	10570

资料来源：《西藏年鉴（2013）》。

西藏旅游业在收入总量增长的同时，占地区生产总值的比重也迅速增加，从 1985 年的占 0.22% 增加到 2010 年的占 14.08%，详见表 1-3。2012 年，西藏旅游总收入达 126.47 亿元，同比增长 30.3%。[①] 2012 年，西藏地区生产总值为 701.03 亿元[②]，旅游总收入占地区生产总值的 18.04%（见表 1-3）。

表 1-3　西藏旅游总收入占地区生产总值的比重

年份	地区生产总值（亿元）	旅游总收入（亿元）	旅游总收入占地区生产总值的比重（%）
1985	17.76	0.0399	0.22
1990	27.70	0.0684	0.25

① 新华社：《西藏旅游业迅猛发展——旅游总收入突破百亿元大关》，中央政府门户网站，2013 年 1 月 8 日，http：//www.gov.cn/jrzg/2013-01/08/content_ 2307447.htm。

② 《各省区市 2012 年 GDP 总量公布 2013 年增速预期多高于 10%》，人民网，2013 年 2 月 22 日，http：//politics.people.com.cn/n/2013/0222/c99014-20564056.html。

年份	地区生产总值（亿元）	旅游总收入（亿元）	旅游总收入占地区 生产总值的比重（%）
1995	56.11	2.1375	3.81
2000	117.80	6.7462	5.73
2005	248.80	19.3524	7.78
2010	507.46	71.4401	14.08
2012	701.03	126.47	18.04

资料来源：《西藏经济年鉴2013年》。

在西藏旅游业大发展的同时，受自然条件和社会经济基础等因素的制约，西藏旅游的"二元化"问题突出，"冷""热"现象十分明显。具体表现为：旅游开发快的市县与旅游开发相对迟缓的市县之间，旅游景点、景区与周围广大的农牧业区之间，参与旅游经营管理的社区居民与没有参与旅游经营管理的社区居民之间的收入差距扩大。

2012年，西藏七个地市的地区生产总值由高到低依次为拉萨、日喀则、昌都、林芝、山南、那曲、阿里[①]，排在第一位的拉萨是排在最后一位的阿里的近10倍，详见表1-4。

表1-4 西藏各地市生产总值

单位：亿元，%

地区	2010年	2012年	2012年比2010年增长（%）
拉萨市	178.91	260.04	68.80
昌都地区	67.07	89.75	74.73
山南地区	53.05	76.00	69.80

---

① 2014年6月，日喀则地区改为日喀则市；2014年12月，昌都地区改为昌都市；2015年3月，林芝地区改为林芝市；2016年1月，山南地区改为山南市；2018年5月，那曲地区改为那曲市。本书所引均为2013年以前的材料，故在行文中仍保留旧称。

地区	2010 年	2012 年	2012 年比 2010 年增长（%）
日喀则地区	86.40	124.50	69.40
那曲地区	51.15	73.96	69.16
阿里地区	18.48	28.00	66.00
林芝地区	53.69	83.60	64.22

资料来源：《西藏统计年鉴 2012 年》。

导致西藏地区经济发展差距大的因素很多，其中旅游发展的非均衡性是重要因素。2012 年，西藏各地市旅游收入差距远远大于地区生产总值的差距，旅游收入排在第一位的拉萨与排在最后一位的那曲之间相差近 105 倍，详见表 1－5。

表 1－5　2012 年西藏各地市接待游客和旅游收入情况

地区	接待国内外游客（万人次）	同比增长（%）	实现旅游收入（亿元）	同比增长（%）
拉萨市	650 多	26.53	65.48(1)	28.12
山南地区	139	21.9	4.7(5)	30
日喀则地区	180	33	17(3)	62
林芝地区	227	24.7	18(2)	35.3
昌都地区	71.8	49	4.76(4)	49
那曲地区	—	—	0.62(7)	—
阿里地区	12.42	19	1.6(6)	58.9

资料来源：陈尚才《2012 年西藏七地市旅游业同步实现"双增长"》，人民网，2013 年 1 月 22 日，http：//www.tibet328.cn/01/01/201301/t20130122_357963.htm。

二　寺院旅游特色鲜明，发展不平衡

西藏寺院旅游资源丰富、独特，为旅游业的发展奠定了基础。据统计，"西藏自治区共有藏传佛教寺庙 1700 多处，住寺僧尼约 4.6 万人；苯教寺庙约 88 座，僧人 3000 多，活佛 93 人，信教群众 13 万人以上"。① 在1700多座寺庙中，实行对外开放的寺庙有1400多座。

2010年，在对游客的问卷调查中，游客对"您被西藏的哪些景观所吸引"的回答中，42.1%的游客回答"独特的高原风光"，回答"浓郁的民族风情"和"虔诚的宗教信仰"的游客都占27.9%，详见表1–6。

表1–6 游客被西藏景观的吸引情况

景观	样本数(选择次数)	绝对百分比(%)	累计百分比(%)
独特的高原风光	172	42.1	42.1
浓郁的民族风情	114	27.9	70.0
虔诚的宗教信仰	114	27.9	97.9
其他	9	2.1	100

资料来源：2010年调研获得。

独具特色的西藏宗教文化对游客具有强大的吸引力，但是并非所有的寺院都能受到游客的青睐。受寺院的宗教地位和区位条件的影响，在西藏1400多座对外开放的寺庙中，只有那些宗教影响力大、知名度高、交通便捷的寺庙能够吸引众多游客，获得较高的旅游收益；而一些宗教影响力小、知名度低、位置偏远的寺庙则游客很少甚至没有游客，旅游收入微乎其微。

2011年，在对游客问卷调查时，游客对"您到过的藏传佛教文化旅游景点有哪些"的回答中，到过布达拉宫的占25.1%，到过大昭寺的占25.4%，到过罗布林卡的占12.0%，到过扎什伦布寺的占9.9%，到过哲蚌寺的占5.8%，到过甘丹寺的占5.5%，到过色拉寺的占5.4%，到过桑耶寺的占3.3%，到过萨迦寺的占3.8%，详见表1–7。

---

① 中国西藏信息中心：《西藏的宗教》，载《中国西藏事实与数字2008》，中国西藏网。

表1-7　游客对寺院景点的选择情况

选项	样本数（选择次数）	总人数百分比（%）	总次数百分比（%）
布达拉宫	241	88.6	25.1
大昭寺	244	89.7	25.4
罗布林卡	115	42.3	12.0
扎什伦布寺	95	34.9	9.9
哲蚌寺	56	20.6	5.8
甘丹寺	53	19.5	5.5
色拉寺	52	19.1	5.4
桑耶寺	32	11.8	3.3
萨迦寺	36	13.2	3.8
其他	36	13.2	3.8
总计	960		100.0

资料来源：根据"2010年西藏宗教文化旅游调查问卷"整理而得。

三　相关利益主体多，分配不均问题凸显

　　旅游活动的综合性导致寺院旅游的经营管理涉及多个利益主体，其中核心利益主体包括：寺院、寺院所在社区居民、旅游企业（旅游商品经营者、旅行社、饭店、旅游交通部门等）、游客、地方政府等。寺院作为宗教组织、宗教活动场所、旅游景点，对其监督管理还涉及民族宗教局、文物局、旅游局、工商局等行政部门。

　　寺院作为民间非营利性组织，享受减免税收经营所得的优惠政策，使得寺院旅游的利润更高。但是由于缺乏合理的分配机制，寺院旅游相关利益主体之间的收入差距明显，具体表现为以下几个方面。第一，寺院是寺院旅游的主要受益者。由于人们普遍认为寺院旅游是以寺院宗教文化旅游资源为对象，经营管理由寺院负责，旅游收入也自然由寺院所有。第二，寺院周围部分社区居民的利益未

能得到充分体现。尽管地方政府通过优惠政策，积极引导寺院周围社区居民参与旅游商品和旅游纪念品经营以及家庭旅馆生意等，但是由于部分居民缺乏经营活动的积极性和能力，目前还没有参与到寺院旅游经济活动中，也就未能从中获得相应的利益。第三，绝大多数中小型寺院未能从寺院旅游中获利。受寺院的宗教影响力和可进入性等条件的制约，目前除了一些知名度高、宗教地位高、规模大的寺院游客多、寺院旅游收入可观外，绝大多数知名度低、宗教地位不显著、规模小的寺院未能从寺院旅游中获利或是收益甚微。

四 寺院的积极社会功能有待进一步发挥

发展西藏寺院旅游是积极引导宗教与社会主义相适应的体现，是增加寺院收入的重要途径，也是引导广大农牧民实现脱贫致富的重要渠道。为此，宗教组织应该在寺院旅游中进一步发挥满足信教群众的宗教需求、传承宗教文化、保护历史文物等积极的社会功能。此外，从"众生平等""普度众生"的佛教教义出发，寺院应发挥引导社会公平、服务社会的作用；作为信众供养和布施对象，有反哺社会和信众的义务；作为非营利性组织，具有参与公益服务的职能。

寺院与社区的关系最密切、最直接。"藏族地区的寺院是建立在社区之上的宗教实体，社区则是寺院赖以存在和发展的社会基础，二者相互作用，形成了一种独具特色的统一体。"① 历史上，社区对寺院起到两种主要的作用。第一，社区是寺院人员的主要支撑。僧人主要来自周围社区，寺院的信众多来自所在社区。第二，社区是寺院经济的主要支撑。僧人的生活费由家人供给，寺院得到社区居民的布施和供养。寺院对社区的作用主要表现在：满足社区居民信仰和心理上的需求，满足社区教育的需求，包括文化教育和

---

① 张建世、石硕：《藏族地区寺院与所在社区关系的个案调查——松潘县山巴村与山巴寺及学校教育的关系》，《西藏研究》1992 年第 2 期，第 102 页。

思想道德教育。随着西藏宗教制度改革和"以寺养寺"政策的实施，寺院与社区的关系发生了变化，寺院与社区的相互依赖程度有所减弱，但是寺院与社区的人员和经济关系依然存在。特别是，随着寺院旅游的发展，寺院所在地区的居民承担着由游客增多导致的环境质量下降、物价上涨、文化冲击等多方面不良影响。为此，作为寺院旅游最大获利者的寺院，不仅应通过一定的方法和途径补偿当地居民，而且应该为当地社区居民提供更多的旅游服务的岗位培训和就业机会，努力发挥宗教组织的积极社会功能。

第二节　研究目的和意义

针对西藏寺院旅游发展的不平衡和收入分配不均的问题，课题组在较为全面梳理和分析已有相关西藏寺院旅游研究成果的基础上，通过实地考察调研，获得大量第一手资料和数据，在充分认识和分析西藏寺院旅游发展和收入分配的现实状况的基础上，发现西藏寺院旅游发展中利益分配中的主要问题；在宗教文化旅游、收入分配理论和社区参与理论的指导下，结合西藏社会经济特点，提出构建西藏寺院旅游的合理分配机制的设想，从而实现西藏寺院旅游的可持续发展，发挥寺院旅游在增加寺院收入、带动社区经济发展方面的积极作用。同时，也希望能为西藏其他宗教旅游和汉地寺院旅游提供借鉴。

一　辩证地认识西藏寺院旅游的快速发展

随着青藏铁路建成通车，西藏寺院旅游迅速升温。快速发展的西藏寺院旅游，在满足游客对宗教文化的消费需求的同时，也对寺院产生了很大的影响，往日清净宽敞的寺院变得嘈杂拥挤，洪亮的钟声和低沉诵经声被游人的喧闹声所淹没；从容淡定的僧人变得步履匆匆，单调、简朴的出家生活开始变得时尚。

如何正确认识寺院旅游的作用和社会影响，如何处理寺院与旅游景点的关系，如何处理宗教活动与旅游活动的关系，如何处理宗教人士和旅游服务管理员的关系等一系列问题，引起学术界和相关管理部门的广泛关注。基于寺院旅游面临的现实问题，本研究从辩证的观点出发，采用一分为二的方法，在明确寺院、宗教组织和宗教人士的属性和功能的基础上，全面、客观地分析西藏寺院旅游的快速发展及其带来的影响，以及西藏寺院旅游如何持续发展的问题。

二 揭示西藏寺院旅游收入分配的主要问题

目前，无论是学界还是政府管理部门对西藏寺院旅游不断升温、寺院旅游收入不断增加的现实意义已有较深刻的认识，但是对西藏寺院旅游发展的现实状况，寺院旅游带来的经济效益，寺院景点的经营和管理，寺院旅游收入如何进行分配等一系列问题还缺乏全面、客观、科学的认识和把握。

为此，课题组选择西藏具有代表性的寺院，通过实地考察、调研，采用参与式观察、问卷调查和深度访谈等方式，获得有关西藏寺院旅游收入分配的大量第一手数据和资料；通过对数据、资料的分析、整理、甄别、判断，把西藏寺院旅游收入分配的现实状况全面、客观地呈现出来。按照从宏观到微观，即从寺院旅游涉及的相关利益主体到西藏寺院与寺院之间再到寺院内部僧尼之间的逻辑关系，采用定性与定量相结合的分析方法，全面、客观地分析西藏寺院旅游利益分配不均的现象，以及产生的原因和形成的社会影响，使学界和政府部门对西藏寺院旅游收入分配问题有进一步深入的认识和把握。

三 提出建立合理的西藏寺院旅游收入分配机制的构想

目前，西藏寺院旅游的经营管理还处在探索阶段，对西藏寺院旅游收入分配问题还没有相对成熟、科学、有效的管理机制和分配模式。针对寺院旅游收入分配不均并引发相关利益主体的利益得不到保障的问题，学界和政府部门正在积极寻求有效的方法和途径。

为此，本研究在对西藏寺院旅游经营管理，寺院旅游收入、分配模式，寺院旅游对寺院及社区等影响进行全面分析和把握的基础上，根据宗教文化旅游、收入分配理论、社区参与旅游发展、宗教组织的属性等相关理论的指导，针对西藏寺院旅游收入分配不均的问题，从平衡寺院旅游涉及的相关利益主体之间、寺院与寺院之间、寺院内部僧尼之间的利益分配的视角出发，提出构建合理的西藏寺院旅游利益分配机制的构想，为政府制定有关西藏寺院旅游的经营、管理政策提供依据，为进一步完善西藏寺院旅游的管理提供可资借鉴的方法，为明确相关利益主体在西藏寺院旅游中的地位以及相应权利和义务提出建议。

四 初步构建寺院旅游收入分配的理论框架

寺院旅游分配机制问题既是一个具有很强现实意义和实践价值的应用性课题，又是具有一定创新性的理论问题。就课题组掌握的研究成果来看，鲜有可以直接加以借鉴的理论、知识和方法。因此，需要对寺院旅游收入分配的理论加以概括和总结，初步构建起寺院旅游收入分配机制的理论框架。

首先，在对已有相关理论和研究成果分析、总结的基础上，确定以宗教文化旅游、收入分配理论、社区参与旅游发展理论为寺院旅游收入分配机制的理论依据；其次，根据相关理论和已有的研究成果，对寺院旅游、寺院旅游类型、寺院旅游收入等基本概念加以界定；再次，在对西藏寺院旅游收入分配问题研究的基础上，对寺院旅游收入的来源、寺院旅游收入的分配模式以及寺院旅游收入分配的不均衡性等问题加以抽象、概括和总结；最后，针对构建合理的寺院旅游收入分配机制的问题，总结归纳出构建合理的寺院旅游收入分配机制的目的、意义、原则、方法和途径。

第三节　研究的主要内容

按照从宏观到微观，从现象到本质的研究思路，"西藏寺院旅游利益分配机制研究"的主要内容为：明确理论依据、确定研究的方法、剖析西藏寺院旅游收入分配中的主要问题、对西藏寺院旅游类型的划分、界定西藏寺院旅游的相关利益主体、分析西藏寺院旅游相关利益主体的感知和态度、构建合理的西藏寺院旅游利益分配机制、选择有利于西藏寺院旅游发展的利益分配模式，具体内容如下。

一　绪论

通过对已有的相关理论和研究成果的梳理和分析，汲取其中对本课题研究有帮助的内容，借鉴成功经验，指导课题研究。具体包括课题研究的背景分析、研究的目的和意义、研究的方法、赴西藏实地考察调研情况。

二　西藏寺院旅游利益分配机制研究的理论依据

理论来自实践，对实践具有指导意义。西藏寺院旅游利益分配机制研究不仅涉及宗教学、旅游学、经济学、管理学等多个学科，而且是上述学科的交叉、复合体。为此，课题组针对研究对象，在众多相关理论中选择宗教文化旅游、利益分配机制、社区参与作为理论依据指导研究。此外，由于目前寺院并未对旅游收入和分配进行单独核算，为了更加科学、合理地把握西藏寺院旅游的利益分配问题，课题组在充分调研的基础上，对西藏寺院旅游收入的统计进行了界定，提出具体的计算指标和计算公式。

三　西藏寺院旅游发展现状及特点

旅游发展的条件和整体水平直接影响着旅游的利益分配。为此，从西藏寺院旅游的资源条件、发展速度和收益、发展的水平和地区间的平衡程度、旅游产品和收入结构以及寺院旅游的类型等方面分析、总结西藏寺院旅游的发展。总结西藏寺院旅游具有如下特点：寺院旅游资源丰富，特色鲜明；寺院发展速度快，收益大；寺院旅游发展不均衡，差异大；寺院旅游产品单一，以观光游为主；寺院旅游的收入结构不同，差异明显；寺院旅游收入水平不同，类型多样。

四　西藏寺院旅游利益分配的主要问题

在寺院旅游、利益相关者、社区参与理论的指导下，通过对西藏代表性寺院旅游的实地考察调研、对寺院旅游利益相关者的收入满意度的调查分析，发现西藏寺院旅游利益分配中存在的主要问题包括：社区居民的利益未得到应有的重视；寺院之间、僧人之间的收入差距大；寺院旅游收入分配结构不合理；寺院财务管理的科学化、规范化水平有待提高。

五　西藏寺院旅游收入分配的满意度研究

为了全面、客观地了解西藏寺院旅游利益相关者对西藏寺院旅游的认知和对寺院旅游收入的满意度，课题组选取代表性寺院，采用问卷调查、深度访谈等调查方法，获得核心利益相关者对大昭寺寺院旅游的认知、参与程度、对旅游收入分配的感知和满意度等方面的信息，借用 SPSS 分析软件分析各利益相关者对寺院旅游收入分配的感知和满意度。具体以大昭寺为例，通过对大昭寺寺管会、旅游管理部门和旅行社等相关部门的访谈，对大昭寺周围的八廊居民委员会、冲赛康居民委员会、鲁固居民委员会等居民的问卷调查，对八廊街商品经营者的问卷调查，对大昭寺游客的问卷调查，获得各利益相关者对大昭寺寺院旅游收入分配的满意度和态度的第一手资料，借助 SPSS 分析软件，获得大昭寺周围社区居民和八廊街商品经营者对寺院旅游分配的认知和满意度。

六　构建合理的西藏寺院旅游利益分配机制

在借鉴国内外相关研究的成功经验的基础上，结合构建和谐社会，建设和谐寺庙的时代背景，在充分认识西藏寺院的宗教性、文化性和经济性的基础上，提出"政府协调、寺院自主、社区参与"的西藏寺院旅游利益分配的原则和构建合理的西藏寺院旅游利益分配机制的构想，具体内容包括：强化政府的协调、监督作用；增强寺院自主管理的能力和水平；提高社区参与寺院旅游利益分配的意识和能力。

第四节　研究方法

西藏寺院旅游利益分配机制研究是一个交叉性、综合性的实证课题，它结合了宗教学、旅游学和经济学的相关理论和知识。针对这一特点我们采用文献研究与实地考察相结合、定性分析与定量分析相结合、宏观分析与微观分析相结合的研究方法，具体方法如下。

一　文献研究法

为了借鉴前人的研究成果，降低研究的成本，课题组一方面通过学校图书馆、国家图书馆等，对馆藏相关领域文献和著作进行了大范围的阅读和研究；另一方面也通过网络资源，包括校园电子图书馆、清华学术期刊网、谷歌搜索引擎、百度等，获得寺院旅游、社区参与、分配机制等方面的文献资料。通过查阅与宗教文化旅游相关学术专著50余册、学术期刊上百册、报纸数十份、网页数百条等，搜集与本研究相关的信息、资料，并对这些信息和资料进行整理、归纳、甄别，作为本研究的参考和借鉴。

二 田野调查法

为了对西藏寺院旅游的发展现状、寺院旅游的利益相关者的收入情况和满意度等问题有更加全面、客观的认识和把握，课题组先后于2012年、2013年分别到西藏的拉萨、日喀则两地进行实地考察、调研，借助深度访谈、问卷调查等方法获得大量第一手资料和数据，为本研究提供了丰富资料。

（一）访谈法

访谈法是通过谈话的方式获得所需要资料的方法，具体而言是通过对关键性的管理者、经营者、服务人员、参与人员等的深度访谈，获得第一手资料的调研方法。在本课题调研中，为了获得各寺院的旅游收入和支出情况，获得各寺院僧人的收入和生活状况的资料，课题组先后走访了拉萨市及周边的DZ寺寺管会、XZ寺寺管会、ZJ寺寺管会、CG寺寺管会、ZB寺寺管会、GD寺寺管会、SJ寺寺管会和QS寺寺管会，日喀则及周边的ZS寺寺管会、BJ寺寺管会、LB寺寺管会和RB寺寺管会，对各寺院的管理委员会领导和成员进行了访谈。为了获得大昭寺周围社区居民参与寺院旅游的情况，课题组先后走访了八廓街道办事处和所辖的八廓社区居委会、冲赛康社区居委会，对相关领导进行了访谈。为了获得大昭寺周边旅游经营者的旅游收入和满意度资料，课题组对大昭寺周边的店主进行了访谈。为了获得旅行社对大昭寺旅游的收入情况和满意度，随机抽取 3 家旅行社的导游进行了访谈，了解了他们对大昭寺旅游的收入和满意度。

（二）问卷调查

问卷调查是通过向调查者发出带有简明扼要的问题的问卷，请被调查者填写对有关问题的意见和建议来间接获得材料和信息的一种方法。为了全面、客观地认识和把握大昭寺周边社区居民、八廓街的商品经营者的收入情况和满意度以及游客对大昭寺旅游的满意度，课题组设计了"社区居民的寺院旅游收入调查问卷""商品经营者的寺院旅游收入调查问卷""游客满意度调查问卷"。在 2012年暑期，对八廓街道办事处下属的绕赛社区、白林社区、鲁固社区、八廓社区的部分居民进行问卷调查，对八廓街的店主和摊主进行了问卷调查，对大昭寺的游客进行了问卷调查。问卷调查采取随机发放、当下填写、当下回收的方式。"社区居民的寺院旅游收入调查问卷"共发放 210 份，收回 210 份，有效问卷 202 份；"商品经营者的寺院旅游收入调查问卷"共发放 200 份，收回 200 份，有效问卷 178 份；"游客满意度调查问卷"共发放 400 份，收回 398 份。

三　定量分析方法

定量分析法是采用数量的方法对资料或信息进行统计分析的方法。在本研究中，为了客观地反映社区居民和商品经营者的旅游收入和满意度，采用被广泛应用于社会科学统计的 SPSS 软件，将问卷调查的数据进行分析、统计和处理，获得社区居民和商品经营者的寺院旅游收入和满意度数据。

对社区居民调查数据的分析结果包括居民的身份特征、社区居民的收入情况、社区居民对寺院旅游的态度。对商品经营者调查数据的分析结果包括经营者的身份特征、经营情况、进一步提高收入所面临的困难、对未来经营发展的影响因素。对游客的调研数据分析结果包括游客的身份特征、游客的行为特征和游客对寺院旅游的满意度。

第五节　赴西藏实地考察调研情况

为了全面、客观地揭示西藏寺院旅游收入分配的现状，深刻剖析寺院旅游收入分配中存在的问题，在课题组精心设计和周密安排下，于 2012 年 7 月和 2013 年 8 月，先后两次分别历时 20 天赴西藏进行实地考察、调研，获取了大量第一手资料。

一　案例区的选择

在对相关文献研究的基础上，结合以往研究经验，课题组确定以拉萨市、日喀则地区两个西藏最大的寺院旅游集散中心为调研地。在两个调研地中，选择具有代表性的寺院作为调研对象，进行寺院旅游收入和分配状况的调研，以此获得较为全面的反映西藏寺院旅游整体情况的资料，发现西藏寺院旅游发展的差异性特征。

（一）拉萨市内及周边

拉萨市作为西藏的首府，是西藏的政治经济和宗教文化中心，也是西藏寺院旅游的重要集散地。受寺院的宗教影响力、宗教地位、规模大小以及区位条件的影响，拉萨市内及周边的寺院在开展寺院旅游方面存在明显差异。为了较全面地认识和把握拉萨市内及周边寺院旅游发展和收入分配情况，课题组选择寺院旅游发展水平高的大昭寺，寺院旅游发展水平比较高的小昭寺、扎基寺以及拉萨市周边的格鲁派三大寺（甘丹寺、色拉寺、哲蚌寺），选择寺院旅游开展比较差的仓姑寺和曲桑寺等寺进行考察、调研。

（二）日喀则地区

日喀则是后藏地区的宗教、政治、经济、文化中心，是藏传佛教领袖之一班禅喇嘛的驻锡地,是西藏寺院旅游在后藏的集散地。课题组选择日喀则地区具有代表性的扎什伦布寺、白居寺、萨迦寺、夏鲁寺、绒布寺以及位置偏远的小寺院等进行考察、调研,了解各寺院从事旅游活动情况,了解各寺院旅游收入及支出情况。

(三) 大昭寺及周围社区、八廓街

大昭寺不仅是西藏最著名的旅游景点,更是藏传佛教徒心中的圣地和朝拜地。大昭寺因被藏传佛教各教派共同供奉,并供奉有文成公主从大唐带到西藏的释迦牟尼 12 岁时的等身像,而备受广大信众的尊崇。正是大昭寺特殊重要的宗教地位和历史、文化价值,以及周围浓郁的宗教文化氛围,吸引着国内外众多游客的到来。在"游客对西藏寺院旅游景点的选择情况"的调查中,游客首选的寺院旅游景点就是大昭寺,详见表 1-8。

表 1-8　游客对西藏寺院旅游景点的选择情况

调查的问题	景点名称	选择情况	
		数量(个)	百分比(%)
游客选择的主要景点	布达拉宫	241	25.1
	大昭寺	244	25.4
	罗布林卡	115	12.0
	哲蚌寺	56	5.8
	甘丹寺	53	5.5
	色拉寺	52	5.4
	桑耶寺	32	3.3
	扎什伦布寺	95	9.9
	萨迦寺	36	3.8
	其他	36	3.8
总和		960	100.0

　　大昭寺周围是拉萨著名的八廓街和居民区（见图 1-2）。八廓街是一条因大昭寺而发展和建设起来的集社会、文化、宗教和商业等功能于一体的古老街道，至今已有 1300 多年历史。

　　周围环绕着八廓街道社区（绕赛社区、白林社区、鲁固社区、八廓社区）、冲赛康街道社区（冲赛康社区、丹杰林社区、夏莎苏社区），社区居民数量多，分布集中。仅八廓街道社区就辖 4 个居委会，199 个居民大院，八廓街道有 2000 多家住户，6000 多位居民。

　　在八廓街两侧和大昭寺广场分布着数以千计的旅游商品销售店（摊位）。在 1 万多平方米、长约 1 公里的八廓街上，分布着 1500 家店铺。[①]

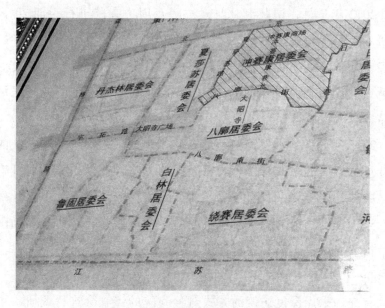

图 1-2　大昭寺周围社区分布

① 2012 年调研时，八廓街两侧均为商店，商店前面为销售旅游纪念品的摊位。2013 年，在实施"拉萨市老城区保护工程"中，八廓街两侧的摊位迁出，只在大昭寺广场两边留有众多销售旅游纪念品的摊位。

大昭寺及周围社区围绕大昭寺旅游形成了寺院僧尼、社区居民、旅游者、旅游经营者、旅游管理者等多个相关利益主体。为此，课题组把这一区域作为典型案例区，针对大昭寺寺院旅游，调查相关利益主体对寺院旅游收入的认知、满意度。

二　调研内容及过程

为了对西藏寺院旅游进行比较全面、深入的调查和了解，课题组设计西藏拉萨及周边和日喀则地区两次实地考察和调研。由于西藏旅游具有明显的季节性，每年 7～9 月为旺季，寺院景点的游客多，便于调查；与此同时，正值高校暑假期间，课题组可以利用假期完成调研任务，所以两次西藏调研工作都安排在 7～8 月。

2012 年 7 月，课题组对西藏拉萨及周边寺院进行为期 20 天的调研。采取参与式观察和深度访谈的方式，对拉萨市的大昭寺、小昭寺、扎基寺、仓姑寺以及拉萨周边的甘丹寺、哲蚌寺、色拉寺和曲桑寺进行调研；采取问卷调查的方式对大昭寺周围的社区居民和商品经营者进行调研。

2013 年 8 月，课题组对西藏日喀则地区代表性寺院和拉萨的旅行社进行调研。采取与拉萨调研同样的方法，课题组分别对日喀则地区的扎什伦布寺、萨迦寺、白居寺、夏鲁寺等寺院进行考察调研。采用深度访谈的方式对拉萨的西藏西域旅行社、西藏和顺阳光旅行社、西藏蓝天假日旅行社进行调研。

（一）对寺院的调研

首先，采用深度访谈的方式对各寺院的寺管会进行调研，了解各寺院旅游发展状况、寺院旅游收入情况、寺院旅游收入分配的管理、僧人对寺院收入分配的态度、寺院旅游收入分配中的问题。收集各寺院的相关资料，特别是 2011 年寺院收入支出表。课题组了解到，自从西藏寺院实行民主化管理以来，寺院每年都向全寺僧人公布本年的收入支出情况，有些寺院把每年的收入支出表张贴在寺院的公共信息栏内。为此，课题组计划通过收集各寺院的收入支出情况表，来获得相关旅游收入和分配的数据。调研的实际情况是，各寺院对课题组给予了积极配合，对课题组提出的问题给予一定解答。但是，由于寺院收入问题比较敏感，回答中有所保留。此外，由于课题组在萨迦寺调研期间，正值萨迦寺举办金刚法会，寺院的僧人都忙于法会的活动，没有安排寺管会成员接受课题组的调研，但是我们通过与寺院管财务的僧人交流，获得一些有关数据和信息。还有个别寺院出于各种考虑未向课题组提供寺院收入支出表，课题组表示理解。

其次，采用观察法对各寺院进行考察。在深度访谈之后，课题组成员对各寺院进行了考察。通过观察寺院各殿堂的管理情况，观察寺院的旅游服务形式和内容，了解寺院僧人参与寺院旅游管理和服务的情况。考察的结果是，寺院的旅游服务都有僧人负责，包括门票销售、殿堂的看管、旅游商品销售、寺院茶馆、餐馆和商店的服务等。

（二）对大昭寺周边社区居民的调研

采取问卷调查的方式，对大昭寺周围社区居民进行调研，了解他们对大昭寺旅游的感知、态度以及参与大昭寺旅游的情况和意愿。环绕在大昭寺周围的有八廓街道办事处和冲赛康街道办事处。八廓街道办事处下辖绕赛社区、白林社区、鲁固社区、八廓社区；冲赛康街道办事处下辖冲赛康社区、丹杰林社区、夏莎苏社区。课题组成员深入社区的居民大院，挨家挨户发放问卷。采取当场发放问卷、当场回答问卷、当场收回问卷的方式，共计发放问卷 210份，回收 210 份。

问卷调查中遇到的问题及解决的办法：首先，由于白天留守在家里的居民多为中老年妇女，文化水平低，对调查的问题不能够准确认识和理解，更难以回答。为此，课题组把发放问卷的时间从白天调整到傍晚。因为在这段时间里社区的居民比较多，在校学生和工作的家庭成员回到家中，调研工作容易开展。其次，社区中占相当大比重的居民为藏族，他们不会讲普通话，沟通起来难度非常大。为此，课题组请来在拉萨的藏族在校大学生，并对他们进行问卷调查的培训，在这些藏族大学生的帮助下完成了问卷调查。

（三）对大昭寺周围旅游商品经营者的调研

课题组采取问卷调查和深度访谈的方式，对大昭寺周边的旅游商品经营者进行调研。调研内容主要包括：他们的经营状况、大昭寺旅游对他们经营的影响、他们面临的主要问题等。课题组围绕大昭寺逐个商店、逐个摊位发放问卷，采取当场回答问卷、回收问卷的方式进行调研。共发放问卷 200 份，回收 200 份。

调研中遇到的问题和解决的办法：首先，由于调研期间正值旅游旺季，经营者忙于自己的生意，对问卷调查的态度不够积极。其次，由于旅游商品经营者的文化水平普遍不高，对调查问卷的问题理解不够准确。为此课题组成员对每个问题进行解释说明，影响了问卷发放的进度。最后，经营者中占相当大比重的是藏族，他们的普通话不够流利，对问卷中的问题难以理解。为此，课题组召集部分在拉萨的藏族大学生，帮助进行问卷调查。

（四）对拉萨的旅行社进行调研

课题组对西藏西域旅行社、西藏和顺阳光旅行社、西藏蓝天假日旅行社进行调研。采取深度访谈的方式，针对各旅行社的旅游成本、涉及大昭寺旅游的行程、组织寺院旅游的规模、与大昭寺的合作情况等进行了访谈。通过访谈了解到旅行社与大昭寺之间没有直接的合作，相互间的影响很少。

第二章 文献综述和理论依据

为了能够全面、深入地研究西藏寺院旅游发展中的利益分配机制问题，在进行实地考察调研之前，首先对我们掌握的相关研究成果进行了梳理和分析。主要是针对宗教文化旅游、旅游利益相关者和旅游利益相关者利益分配等研究成果进行了梳理和分析，以便在借鉴他人研究成果的基础上，更加明确本研究的内容，聚焦研究的重点、难点问题。西藏寺院旅游发展中利益分配机制研究是一个理论联系实际的综合性研究课题，理论是基础，理论指导实践。针对寺院旅游利益分配机制问题，本研究对宗教文化旅游、利益相关者理论、社区参与旅游发展理论进行了归纳和分析。

第一节 国内外研究综述

一 宗教文化旅游的研究现状

宗教朝圣和观光之旅在古代就已出现，而且十分盛行。产业革命以前，为了宗教传播、宗教修行和虔诚的信仰，每年都有成千上万的宗教人士和信徒进行旅行活动。我国的宗教旅行历史悠久，长期以来作为旅游活动的热点对国内外游客产生着巨大的吸引力，积累了丰富的宗教文化旅游的经验。"从商朝的始建，一直到清朝帝制的最后垮台和1912年民国的建立，历代皇帝及其朝廷都注重敬神。在过去的千百年中，这类场所成倍增加，并且，随着佛教逐渐为人们所接受，出现了更多的朝拜圣地。因此，很多古代旅行活动的开展都是出于朝圣目的。"①

与丰富多彩的宗教旅行和旅游实践不同的是，尽管宗教文化旅游活动一直十分活跃，人类积累了丰富的宗教文化旅游经验，但是国内外学术界对宗教文化旅游的研究还很不够。正如迈克尔·斯塔斯伯格（Michael Stausberg）在为《宗教、旅游与精神之旅》做的书评中提到的，"如今旅游者成为许多宗教场所的主要顾客"，"面对这样的事实，我们会感到十分惊奇，那就是宗教并不是旅游研究中的一个主要问题，旅游在宗教的研究中也没有得到重视"。

（一）国内宗教文化旅游研究综述

据我们掌握的文献，陈传康教授是中国学术界较早涉足宗教旅游的学者之一。他和徐君亮把陆丰县元山寺的宗教庙宇和民俗作为旅游资源开发的一个层次进行分析和阐释，发表了最早涉及宗教旅游开发的论文。② 1988 年，陈传康等又发表了《宗教旅游及其政策研究》③，至此宗教旅游才被提到正式学术研究上。就笔者掌握的相关宗教文化旅游研究的学术成果看，学者们从各自的研究视角出发，对宗教文化旅游进行了专项研究。概括起来主要有以下几个方面。

（1）宗教文化旅游理论性研究

具体对宗教文化旅游的概念、性质、特点、资源开发、产品的设计等方面进行专题研究。杜达山④对宗教旅游和宗教文化旅游的

① Trevor Sofield and Sarah Li., "Tourism Development and Cultural Policies in China," *Annals of Tourism Research*, 1998, Vol. 25, No. 2, pp. 362 - 392.

② 陈传康、徐君亮：《陆丰县的海滨旅游资源开发层次结构》，《热带地理》1983 年第 3 期，第 222 ~ 231 页。

③ 陈传康、牟光蓉、徐君亮：《宗教旅游及其政策研究》，《北京旅游》［增刊（理论专辑）］，1988，第 30 ~ 34 页。

④ 杜达山：《为宗教文化旅游正名》，《中南民族大学学报》（人文社会科学版）2004 年第 6 期，第 112 ~ 116 页。

概念进行了辨析。颜亚玉①从旅游的基本概念和基本观点入手，针对宗教旅游界定中的几个问题作了探讨。李萌②就宗教旅游资源的基本特征及其旅游价值、宗教旅游资源开发应遵循的原则等进行了阐述。赵伯乐③就宗教文化的旅游价值进行了探讨。郑嬗婷、陆林、杨钊④在对宗教旅游含义和特点分析的基础上，针对宗教旅游发展中存在的问题，从产品开发、商品设计、景区管理和旅游规划等四个方面提出了实现宗教旅游可持续发展的途径。张晓萍⑤从介绍西方旅游人类学关于旅游与朝圣的关系入手，剖析和探讨了现代人旅游目的和动机的本质，指出现代游客外出旅游的深层次文化精神内涵。陈荣富、周敏慧⑥对宗教旅游、宗教观光旅游、宗教文化旅游的区别与联系进行了分析，界定了现代宗教文化旅游内涵，总结分析出宗教文化旅游因其与宗教紧密联系而具有的五个特点，结合现代旅游业的发展需要，提出了开发我国宗教文化旅游产品的初步设想。曹绘嶷⑦从我国的社会、政治、经济、文化背景入手，分析了"宗教旅游热"的深层次原因。

（2）区域宗教文化旅游研究

区域宗教文化旅游研究是把某一地理区域内的宗教文化作为研

---

① 颜亚玉：《宗教旅游论析》，《厦门大学学报》（哲学社会科学版）2000 年第 3 期，第 70 ~ 73 页。

② 李萌：《论宗教旅游资源的特征及开发原则》，《北京第二外国语学院学报》2003 年第 4 期，第 65 ~ 68 页。

③ 赵伯乐：《宗教文化是一种值得重视的旅游资源》，《学术探索》2000 年第 6 期，第 90 ~ 93 页。

④ 郑嬗婷、陆林、杨钊：《宗教旅游可持续发展研究》，《安徽师范大学学报》2004 年第 5 期，第 536 ~ 540 页。

⑤ 张晓萍：《旅游是一种现代朝圣刍议》，《云南民族大学学报》2003 年第 4 期，第 91 ~ 93 页。

⑥ 陈荣富、周敏慧：《进一步发展我国现代宗教文化旅游事业》，《江西社会科学》2001 年第 9 期，第 217 ~ 219 页。

⑦ 曹绘嶷：《剖析我国的"宗教旅游热"》，《海南大学学报》（人文社会科学版）2003 年第 2 期，第 219 ~ 223 页。

究对象加以研究的。杨继瑞、曹洪①就西部地区发展宗教旅游以及如何从比较优势与竞争优势的关系出发，大力提升西部地区宗教旅游业的竞争优势进行了阐释。杨文其②就发挥闽台神缘的优势，挖掘涉台宗教文化的内涵与宗教旅游资源的魅力，开辟新的旅游路线和项目等进行了探讨。薛群慧、邓永进③就云南宗教文化旅游资源开发和研究中的几个热点问题进行了探讨和综述。杨刚④就南岳宗教旅游文化资源的开发提出建议。刘养洁⑤从山西省宗教景观的基本特点入手，对山西省宗教圣地、宗教建筑、宗教艺术及宗教活动等文化景观进行了较为系统的阐述，揭示了利用宗教文化景观发展山西旅游事业的巨大潜力。杨丽⑥对云南的宗教文化旅游资源、云南宗教文化旅游资源开发存在的问题以及云南宗教旅游产品的开发进行了分析。黄夏年⑦对广东佛教六祖文化旅游进行了阐述。李悦铮⑧从中国宗教地理特征入手，对宗教旅游开发进行了探讨。

（3）不同类型的宗教文化旅游研究

这部分研究多集中在道教文化旅游和佛教文化旅游方面。孔令宏⑨在论述了道家、道教与旅游相结合问题的基础上，从道家、道

① 杨继瑞、曹洪：《对西部地区发展宗教旅游的思考》，《宗教学研究》2004 年第 3 期，第 126～128 页。
② 杨文其：《促进福建涉台宗教旅游持续发展的探讨》，《北京第二外国语学院学报》1999 年第 4 期，第 79～82 页。
③ 薛群慧、邓永进：《云南宗教文化旅游开发热点问题透视》，《学术探索》2003 年第 3 期，第 78～80 页。
④ 杨刚：《关于南岳旅游文化发展的若干问题探讨》，《经济地理》2001 年第 5 期，第 633～640 页。
⑤ 刘养洁：《山西宗教文化影响》，《山西大学学报》（哲学社会科学报）1997 年第 2 期。
⑥ 杨丽：《论云南宗教文化的旅游开发》，《云南师范大学学报》2002 年第 2 期，第 129～134 页。
⑦ 黄夏年：《发展广东六祖旅游文化之浅见》，《佛学研究》（2004 年），第 353～357 页。
⑧ 李悦铮：《我国区域宗教文化景观及其旅游开发》，《人文地理》2003 年第 3 期，第 60～63 页。
⑨ 孔令宏：《论道家与道教文化旅游》，《浙江大学学报》（人文社会科学版）2005 年第 6 期，第 27～33 页。

教文化对旅游本质的看法，论述其所具有的可转化为旅游产品的资源。秦永红①在对道教文化旅游的特点以及社会、经济、文化功能进行分析的基础上，对全国道教文化旅游资源的开发和道教旅游线路的规划提出了建议。胡锐②从分析道教神仙思想的产生与旅游的关系入手，对道教文化旅游进行了分析。李平③从梵净山与佛教、佛教旅游与开发、佛教旅游资源开发原则三方面，阐述了梵净山佛教旅游资源开发的方法和措施。袁银枝④分析了佛教与旅游的渊源，概括了我国佛教旅游资源的载体，并对开发佛教旅游资源的原则进行了探讨。孙爱丽和王晞⑤在对五台山的佛教文化和宗教旅游发展现状进行分析的基础上，为未来五台山旅游发展提出了对策。林哲浩、崔哲浩⑥从佛教思想教义和佛教艺术两个方面论述了中国佛教文化的旅游吸引力，并就中国佛教旅游资源的开发和保护提出了建议。王玉明、冯卫红等⑦在对五台山的自然环境和佛教文化进行分析的基础上，对五台山的旅游业发展提出了建议。

（4）宗教文化旅游学的系统研究

把宗教文化旅游作为分支学科进行系统的分析和把握，构建宗

---

① 秦永红：《论道教文化旅游》，《西南民族学院学报》（哲学社会科学版）1995 年第 6 期，第 35～38 页。

② 胡锐：《道教与旅游——道教旅游文化初探》，《宗教学研究》1999 年第 4 期，第 112～115页。

③ 李平：《论佛教旅游资源开发——以梵净山为例》，《贵州大学学报》2005 年第 5 期，第 41～46 页。

④ 袁银枝：《论佛教旅游资源及开发原则》，《无锡商业技术学院学报》2006 年第 5 期，第 106～108 页。

⑤ 孙爱丽、王晞：《五台山的佛教文化及其宗教旅游发展的探讨》，《社会科学家》2003 年第 100 期，第 110～113 页。

⑥ 林哲浩、崔哲浩：《试析中国佛教文化的旅游吸引力》，《延边大学学报》2000 年第 1 期，第 31～33 页。

⑦ 王玉明、冯卫红等：《五台山的佛教文化与宗教旅游》，《山西师范学院学报》1998 年第 2 期，第 83～85 页。

教文化旅游学的学科体系。王亚欣①从宗教发展与环境保护视角出版了一部专著，其中对宗教文化旅游学的基本知识进行梳理。王亚欣②在对宗教文化旅游进行多年的理论研究和案例分析的基础上，出版专著《宗教文化旅游学》，不仅对宗教文化旅游的相关知识进行了比较全面、系统的梳理和分析，初步构建起宗教文化旅游学的学科体系，而且对世界三大宗教及中国道教的旅游开发等相关问题进行了比较全面、客观的分析和把握。

我国学术界针对宗教文化旅游的研究成果，相关主题的研究不够深入，缺乏系统性；研究方法十分单一，仍延续传统的定性研究方法，定量研究极少。从研究队伍来看，宗教文化旅游的研究者多为宗教学、民族学、人类学、社会学和经济学等学科背景，鲜有从旅游学的研究视角出发，将宗教文化旅游作为专门的研究方向。

（5）藏传佛教文化旅游研究综述

就笔者所掌握的文献中，有关藏传佛教文化旅游研究的尚不多见。王亚欣③从旅游文化市场的需求出发，探讨如何挖掘藏传佛教文化的旅游价值，开发具有地方特色、民族特色、宗教特色的藏区旅游文化品牌。陈亚艳④对塔尔寺在藏传佛教文化中的地位和特色进行了分析，对如何开发和利用塔尔寺文化旅游资源提出了建议。赵萍⑤分析了拉卜楞寺旅游资源开发现状和存在的主要问题，提出了深度开发的理念和方法。晟冬⑥从藏传佛教对藏区自然旅游

---

① 王亚欣：《宗教文化旅游与环境保护》，中央民族大学出版社，2008。

② 王亚欣：《宗教文化旅游学》，中央民族大学出版社，2014。

③ 王亚欣：《藏传佛教文化的旅游价值探析》，《青海民族学院学报》2005 年第 1 期，第 15～19 页。

④ 陈亚艳：《塔尔寺文化旅游资源的开发与利用述论》，《青海民族研究》2003 年第 4 期，第 35～39 页。

⑤ 赵萍：《拉卜楞寺藏传佛教文化旅游资源的深度开发》，《康定师范专科学校学报》2008 年第 1 期，第 72～75 页。

⑥ 晟冬：《试探藏传佛教对藏区旅游的影响》，《阿坝师范高等专科学校学报》2007 年第 2 期，第 48～50 页。

资源、人文旅游资源以及旅游景观等方面的影响进行了分析和阐述。

（二）国外宗教旅游研究综述

高科[①]在总结国外宗教旅游研究的进展之后，认为国外主要从社会学、经济学、地理学和心理学的视角出发，对宗教与旅游的关系、宗教旅游者、宗教旅游可持续发展、旅游影响四个方面加以研究。就笔者掌握的资料看，国外对宗教旅游的研究，多从社会学、人类学、民族学、地理学的视角出发，偏重对旅游者的行为、旅游的社会影响等方面的研究，亦鲜有人从旅游学的视角，作相对系统的理论诠释和把握。

Boris Vukonic[②]从社会学、经济学、人类学的研究视角出发，对宗教和旅游的关系进行了介绍和分析，对宗教旅游者和基于宗教动机的旅游分类进行了阐述，提出了许多值得关注和研究的问题。他从宗教与旅游之间相互制约和促进、宗教与旅游之间潜在与现实的矛盾冲突、宗教与旅游的相互影响和宗教感情或宗教感受的表达、旅游者朝圣之旅的决策等方面，根据宗教与旅游未来的关系及可能的趋势和发展得出了自己的结论。William H. Swatos, Jr. 和 Luigi Tomasi[③]以某些代表性的案例，对中世纪的朝觐和当代的宗教旅游进行了比较，发现当代宗教旅游与中世纪朝觐在人员、动机、意义等方面存在诸多的差异。中世纪的宗教朝觐活动主要是宗教信仰者，严格遵循宗教规范，提倡苦行主义的宗教行为。当代宗教旅游范围更加广泛，动机更加世俗化，强调的是旅游者个性化的、精

---

① 高科：《国外宗教旅游研究进展及启示》，《旅游研究》2009年第3期，第54页。

② Boris Vukonic, *Tourism and Religion*, Publisher：Emerald Group Publishing, 1996.

③ William H. Swatos, Jr. and Luigi Tomasi, *From Medieval Pilgrimage to Religious Tourism*, *The Social and Cultural Economics of Piety*, Praeger Publishers, 2002.

神上的意义。*Bertalan Pusztai*[①] 重点探讨了个人、组织、信仰之间的关系，宗教旅游中内在的心灵感受和外在的旅游体验的意义和内涵（意味），宗教旅游作为一种精神活动和现代西方消费行为的功能；现代西方人从哪里发现和如何构建自我形象；什么是有用的"资料"，从而概括出宗教旅游作为今天朝觐者的意义所在。Isaree Baedcharoen[②] 通过对泰国境内四所著名的佛教寺庙宗教旅游的调查，揭示了当地居民对宗教旅游所带来的经济、社会文化、生态的影响的态度。Joshua B. Fisher[③] 基于旅游开发对马来西亚群岛上的热浪岛的传统文化、习俗以及自然环境的影响，开展了一项有关旅游开发与环境和文化动态关系的调查。通过对热浪岛上的水资源、宗教信仰进行调查，发现当地社区居民对旅游带来的社会经济影响比较关注，对旅游带来的环境和资源的影响没有关注，对旅游带来的就业表示赞成，对旅游对青年的行为影响表示担心。尽管该岛上的海水污染和淡水短缺的问题客观存在，而且海水淡化成本昂贵，但是景点的管理者和首席工程师普遍否认岛上淡水的短缺和海水污染问题，并以此来对是否开发旅游资源做出决策。Sunil Kumar Patnaik[④] 以印度的普里佳干纳特神殿的朝觐为例，描述了其在历史文化、宗教信仰、寺庙建筑、朝觐模式等方面的变迁以及印度宗教旅游的发展原因与现状，就宗教旅游对印度的影响进行了比较全面的分析。Yaniv Poria，Richard Butler 和 David Airey[⑤] 认为，宗教感

① Bertalan Pusztai, *Religious Tourists: Constructing Authentic Experiences in Late Modern Hungarian Catholicism*, University of Jyväskylä, 2004.

② Isaree Baedcharoen, *Impact of Religious Tourism in Tailand*, Master Thesis, The University of Otago Dunedin New Zealand, 2000.

③ Joshua B. Fisher, "Balancing Water, Religion and Tourism on Redzng Islang, Malaysia," *Environmental Research Letters*, 2008 (3): 1 – 6.

④ Sunil Kumar Patnaik, "Shree Jagannath Dham and Religious Tourism," *Orissa Review*, June-July-2007, pp. 97 – 102.

⑤ Yaniv Poria, Richard Butler and David Airey, "Tourism, Religion and Religiosity: A Holy Mess," *Current Issues in Tourism*, Vol. 6, No. 4, 2003, pp. 340 – 363.

情和信仰程度不同的旅游者，在宗教遗址旅游中的旅游行为模式是不同的，对这种行为模式的研究有助于旅游管理和遗址旅游的理论研究。

对文献研究的结果表明，与丰富的宗教文化旅游实践相比，宗教文化旅游的理论研究还非常欠缺。现有的研究成果多集中在对典型地域的宗教文化旅游个案或某类宗教文化的个别旅游现象和问题的分析；或是从社会学、人类学、文化学的视角出发，对宗教文化旅游及其影响进行专题性研究。仅有的几篇关于藏传佛教文化旅游的学术文献，主要集中于讨论具体宗教场所的旅游资源开发问题。由于缺乏理论的指导和科学的方法，研究略显粗浅；有关藏传佛教文化的旅游价值和影响的研究亦属于专题性研究。总之，无论是有关宗教文化旅游还是有关藏传佛教文化旅游的研究，都没有从宗教学、旅游学、文化学的研究视角出发，按照一定的逻辑关系进行系统的研究和把握；缺乏在基于比较全面、客观的第一手资料的深入分析和阐释；缺乏把宗教文化旅游的理论与实践相结合的研究。

二　旅游利益相关者研究综述

旅游利益相关者的概念是利益相关者概念的衍生。20 世纪 80 年代中后期，随着旅游业的快速发展，旅游发展中的各方诉求引发关注，使得学者们逐渐将"利益相关者"一词引入旅游领域，并结合现实案例进行研究。

（一）旅游利益相关者研究

通过对文献的梳理可以发现，对于旅游利益相关者的研究，学者们主要从旅游目的地开发、旅游企业运营、利益相关者的利益保障等方面进行关注。这些研究主要在于通过对这些利益相关者参与旅游活动过程的研究，来实现旅游目的地的良好开发、旅游企业的顺利运营以及各方共同受益等目的。

1. 从旅游目的地开发角度分析旅游利益相关者

很多学者认为在旅游目的地的开发中，需要对利益相关者问题予以重视。墨菲（P. E. Murphy, 1985）① 在 Tourism：A Community Approach 一书中表示，在旅游目的地开发过程中，需要重视社区利益问题，应在旅游目的地发展目标的确定、方案规划、整体开发等一系列进程中，考虑社区参与问题，通过对社区发展、社会承载力等方面的关注，达到旅游发展和社会、文化、生态之间的平衡。张伟和吴必虎②在乐山市旅游发展战略制定过程中，结合利益相关者理论，采用定性和定量的调查分析法，分析了各个利益相关者的旅游意识和利益表达，提出利益相关者参与区域旅游开发的途径。马克威克③调查并分析了人口稠密、土地与水资源有限的马耳他地区围绕高尔夫球场建设项目而出现的支持者和反对者联盟，指出事先考虑当地利益相关者的诉求是十分必要的。刘波④关注案例区遗址地旅游开发中核心利益相关者问题，认为他们现在是处于不稳定的非对称互惠间歇共生模式阶段，这种模式是不稳定的，也不利于日后的可持续发展。塔斯奇、克勒斯等⑤的研究关注哥斯达黎加目的地的营销和战略目标、品牌的开发。他们指出，通过关注利益相关者，尤其是社区利益，来整合旅游可持续性、扶贫、社区旅游（CBT）、目的地营销等问题，以此来取得良好的开发效果。

① P. E. Murphy, Tourism：A Community Approach, New York：Methuen Inc. , 1985.

② 张伟、吴必虎：《利益主体理论在区域旅游规划中的应用——以四川省乐山市为例》，《旅游学刊》2002 年第 4 期。

③ M. C. Markwick, " Golf Tourism Development, Stakeholders, Differing Discourse and Alternative Agendas：The Case of Malta," Tourism Management, 2000, 21 (5)：515 – 524.

④ 刘波：《遗址旅游利益相关者共生机制研究》，硕士学位论文，浙江工商大学，2013。

⑤ A. D. A. Tasci, R. Croes, J. B. Villanueva, " Rise and Fall of Community-Based Tourism-Facilitators, Inhibitors and Outcomes," Worldwide Hospitality and Tourism Themes, 2014, 6 (3)：261 – 276.

2. 从旅游企业运营的角度分析旅游利益相关者

有学者以旅游企业为主体，对旅游企业的利益相关者问题进行研究，以探索有效的旅游企业运营和发展途径。贺小荣、王娓娓[①]指出，对于旅游企业而言，应该动态地对其利益相关者进行监控，并采取措施来处理好与他们之间的关系，可以运用的管理策略有进攻、防御、维持、摇摆等。沈中印、王军[②]关注旅游企业利益相关者的合作可能性和威胁可能性问题，指出旅游企业履行社会责任的路径：建立健全旅游企业的自律和他律体系。沈鹏熠[③]探索旅游企业的形象和游客忠诚影响模型，指出旅游企业形象对游客忠诚有重要影响，旅游企业要通过游客责任、员工责任和慈善责任等方面树立良好形象。贺小荣[④]认为旅游企业与利益相关者之间的关系在本质上是"竞合关系"，在有限的利益和资源中，通过竞争合作来保障和扩大己方利益。

3. 从利益保障角度分析旅游利益相关者

有的学者关注各个旅游利益相关者的利益保障问题，尤其是处于劣势地位的旅游利益相关者。贝诺尼·阿姆斯登等[⑤]，以及保继刚、孙九霞[⑥]都关注到社区在旅游发展中的重要作用，认为社区是重要的相关主体，在旅游活动中，包括规划、开发和管理的一系列过程中，要树立社区的主体地位，关注社区居民的意见和需要。李

---

① 贺小荣、王娓娓：《利益相关者管理：旅游企业战略管理的新领域》，《中南林业科技大学学报》（社会科学版）2009 年第 1 期。

② 沈中印、王军：《旅游企业社会责任：利益相关者分析与履行路径》，《江西社会科学》2011 年第 10 期。

③ 沈鹏熠：《旅游企业社会责任对目的地形象及游客忠诚的影响研究》，《旅游学刊》2012 年第 2 期。

④ 贺小荣：《旅游企业利益相关者管理理论研究进展》，《旅游学刊》2008 年第 8 期。

⑤ Benoni L. Amsden, Richard C. Stedman, Linda E. Kruger, "The Creation and Maintenance of Sense of Place in a Tourism-Dependent Community," *Leisure Sciences*, 2011, 33（1）: 32 – 51.

⑥ 保继刚、孙九霞：《社区参与旅游发展的中西差异》，《地理学报》2006 年第 4 期。

慧新①通过分析旅游利益相关者的利益诉求和利益冲突，指出要切实保障各利益相关者的主体利益，政府应发挥主导作用，建立有效的旅游利益分配及保障机制，走旅游可持续发展道路。章晴②采用利益相关者理论对乡村旅游发展中的主要利益相关者及其利益冲突现象进行分析讨论，提出了保障各方利益的具体对策。纳尔特、斯泰普尔顿③调研了蒙古国西部偏远社区的旅游开展情况，描述并分析了社区参与生态旅游的现实困难。指出要保障社区利益，需要密切合作、强有力的支持型社区领导人，以及知识渊博的外部利益相关者。哈尼扎·穆罕默德等④也指出保障旅游社区的利益需要从旅游合作的角度考虑，要允许更高程度的社区参与决策，巩固增强社会凝聚力，增加社区支持。

此外，还有很大部分内容是涉及旅游利益相关者的利益冲突、协调和分配问题的研究，这部分内容将在下文进行进一步的梳理。

通过对以上旅游利益相关者的梳理，我们可以发现这方面的内容是翔实的，既有开发方面的内容，又有运营管理方面的内容，还涉及利益相关者的利益保障问题。这为本书的进一步研究提供了翔实的研究基础。

（二）宗教文化旅游中的利益相关者研究

对于宗教文化旅游中利益相关者问题的研究相对薄弱。由于宗教景区有一定的特殊性，其利益相关者问题会相对复杂。

在掌握的文献中，有很多学者关注宗教旅游中某一方面的相关

---

① 李慧新：《黑色旅游利益相关者探析》，《现代经济信息》2011 年第 11 期。
② 章晴：《乡村旅游开发的利益冲突与和谐社区建设——基于社区居民视角》，《湖北经济学院学报》（人文社会科学版）2009 年第 3 期。
③ S. Nault, P. Stapleton, "The Community Participation Process in Ecotourism Development: A Case Study of the Community of Sogoog, Bayan – Ulgii, Mongolia," *Journal of Sustainable Tourism*, 2011, 19 (6): 695 – 712.
④ N. Haniza Mohamad, et al., "Tourism Cooperative for Scaling up Community-Based Tourism," *Worldwide Hospitality and Tourism Themes*, 2013, 5 (4): 315 – 328.

利益群体。如山姆等①关注宗教旅游中的朝圣者行为，对参观和朝觐妈祖庙的游客进行人口学特征、旅游动机、旅游体验以及重游意愿等方面的实证研究。安德廖蒂斯②聚焦于宗教旅游中的旅游者行为动机，其通过研究将宗教旅游中的旅游者动机分为精神动机、文化动机、环境动机、世俗动机和受教育动机等方面。袁璐③研究了宗教旅游者的行为特征和动机，其以湖北归元寺景区和武当山景区为例，通过实证研究，指出宗教旅游者有停留时间短、青睐正统宗教、偏好维持宗教原貌、积极参拜捐香火等行为特征。库珀、弗莱彻等④也总结出宗教旅游中朝圣旅游者的行为规律，主要有"指向世界著名宗教圣地""旅游活动按照宗教习俗和规定""季节性强"等方面。泰尔齐多等⑤关注居民对宗教旅游的感知，其对提诺斯岛上居民感知的研究发现，一般而言居民会因为丰厚的经济回报而对宗教旅游持积极态度。柯林斯、卡利奥特⑥以以色列圣城为实例，通过动机差异把宗教旅游景区的旅游者分为 5 种：朝圣者、兼具旅游目的的朝圣者、旅游与朝圣同等重要的旅游者、兼具朝圣目的的旅游者、大众旅游者。

还有学者从利益相关者整体角度出发，对宗教旅游利益相关者

---

① Y. S. Shou, C. Ryan, G. Liu, "Taoism, Temples and Tourists: The Case of Mazu Pilgrimage Tourism," *Tourism Management*, 2009, 30 (4): 581 – 588.

② K. Andriotis, "Sacred Site Experience: A Phenomenological Study," *Annals of Tourism Research*, 2009, 36 (1): 64 – 84.

③ 袁璐：《宗教旅游景点（区）旅游者行为特征及动机研究》，硕士学位论文，湖北大学，2011。

④ C. Cooper, J. Fletcher, et al., *Tourism: Principles and Practice with Companion Website and Grade Tracker Student Access Card*, London: Financial Times Prentice Hall, 2008.

⑤ M. Terzidou, D. Stylidis, E. M. Szivas, "Residents' Perceptions of Religious Tourism and Its Socio – economic Impacts on the Island of Tinos," *Tourism and Hospitality Planning & Development*, 2008, 5 (2): 113 – 129.

⑥ N. Collins – Kreiner, N. Kliot, "Pilgrimage Tourism in the Holy Land: The Behavioural Characteristics of Christian Pilgrims," *Geo Journal*, 2000, 50 (1): 55 – 67.

相互间的关系做出讨论。彭惠军①、姚国荣②、朱莲③等以各自案例区为例，关注宗教旅游的利益相关者类型，主要有寺院、僧尼、社区居民、旅游企业/经营户、旅游者、当地政府等，分析各个利益相关者之间的关系，指出宗教寺院景区需要各个利益相关者的积极参与，并要协调好各个利益相关者间的关系。

三 旅游利益相关者利益分配问题研究综述

通过对旅游利益相关者利益分配问题的文献回顾和梳理，特别是宗教旅游中利益分配问题的梳理，可以对已有的利益分配问题有较好把握，使本项研究更加深入。

（一）旅游利益相关者的利益分配研究

对于旅游利益相关者的利益分配，学者们根据自己的研究对象对相关利益主体进行分析，并试图提出有效的利益分配方式，使利益分配问题能够得到解决。

1. 从旅游系统角度分析利益分配问题

有些学者从整体旅游系统角度出发来看待旅游利益相关者的利益分配问题。王德刚、邢鹤龄④指出，不同利益主体在旅游活动中获利情况是不同的，应该在旅游活动过程中考虑到各方的利益情况及利益诉求，建立均衡的利益分配机制，使旅游系统中的各个利益群体能够真正实现成本共担与利益共享。此外，李进兵⑤研究发现，在一定条件下，收益分成模式可以促进旅游可持

① 彭惠军、黄翅勤：《利益相关者视角下宗教名山旅游景区可持续发展研究——以南岳衡山为例》，《市场论坛》2011 年第 6 期。
② 姚国荣、陆林：《旅游风景区核心利益相关者界定——以安徽九华山旅游集团有限公司为例》，《安徽师范大学学报》（人文社会科学版）2007 年第 1 期。
③ 朱莲：《宗教风景区利益相关者管理研究》，硕士学位论文，安徽大学，2012。
④ 王德刚、邢鹤龄：《旅游利益论》，《旅游科学》2011 年第 2 期。
⑤ 李进兵：《利益相关者的利益分配与旅游可持续发展》，《经济问题》2010 年第 8 期。

续发展，而在固定收益模式下，社区居民往往会被忽视。吴泓、周章①关注利益分配协调机制的形成，认为其应该包括利益表达机制、激励机制、分配机制等。汉普顿②认为在欠发达地区旅游开发中，合理的旅游收益分配途径应该是发展小型旅游企业，引导各方参与，同时确立旅游收益分配的保障形式。

2. 乡村游、古镇游中的旅游利益分配问题

有些学者结合乡村旅游、古镇旅游等形式来关注旅游利益分配问题。这些形式的旅游往往与当地居民的传统文化、行为等紧密相关，因此更容易引发利益分配方面的问题。张志强③从利益均衡角度着手，认为在古镇旅游中应该结合利益相关者理论、博弈论理论、旅游地生命周期理论，来关注并解决当中的利益分配不均难题。王纯阳④以开平碉楼与村落为例，从实证研究的角度探讨了村落遗产地利益相关者的利益诉求及其实现方式。研究结果表明，村落遗产地各个核心利益相关者都有其自身利益诉求，而且重视程度也各不相同，应该建立有效的利益分配平衡机制。纪金雄⑤、薄茜⑥、孙思⑦等结合具体的案例关注乡村旅游和村寨旅游，对不同利益主体的权利、利益诉求和利益不协调的现象进行梳理，归纳出发生

---

① 吴泓、周章：《基于利益主体理论的旅游利益主体融合研究》，《学海》2006 年第 5 期。

② M. P. Hampton, "Heritage, Local Communities and Economic Development," *Annals of Tourism Research*, 2005, 32（3）: 735–759.

③ 张志强：《旅游主体利益均衡研究与博弈模型构建》，硕士学位论文，贵州财经学院，2012。

④ 王纯阳：《村落遗产地核心利益相关者利益诉求研究——以开平碉楼与村落为例》，《技术经济与管理研究》2012 年第 9 期。

⑤ 纪金雄：《基于共生理论的古村落旅游利益协调机制研究》，《江西农业大学学报》（社会科学版）2011 年第 2 期，。

⑥ 薄茜：《博弈视角下的乡村旅游利益相关者研究》，硕士学位论文，沈阳师范大学，2012。

⑦ 孙思：《都江堰市乡村旅游利益相关者利益协调机制研究》，硕士学位论文，四川农业大学，2013。

利益失调（利益冲突）的原因，构建相应的利益主体协调机制，主要从利益表达、利益分配、利益补偿和利益保障等方面进行。邹兵、保继刚①运用马克思地租理论和现代产权理论，结合案例研究，认为在农村旅游中，社区居民要获得旅游收益，关键在集体土地所有权，提出应该通过土地产权改革来提高社区参与旅游开发的获益水平。

3. 民族地区旅游中的旅游利益分配问题

有些学者结合民族地区旅游，关注利益相关者的利益分配问题。民族地区旅游发展担负着发展地区经济和保护民族文化的双重任务，因此对其利益分配问题的研究也非常有意义。王克军②，李乐京③，张补宏、徐施④等通过具体案例的调研分析，提出民族地区旅游的利益相关者主要有开展民族旅游的当地政府、社区、旅游者、旅游企业等，并讨论了各个利益相关者在其中的地位和作用，建立利益相关者利益诉求影响模型。石井慧⑤通过对泰国的山地族或山地部落（Hill Tribes）案例研究指出，民族旅游业为当地少数民族社区提供收入，但这种收入差异在不同的年龄层次、社会阶层等方面有显著的差别。陈昕⑥、马鑫⑦、王兆峰⑧等为民族旅游利益

① Zuo B., Bao J. G., "Institutional Empowerment: Community Participation and Changes of Land Property Rights in Tourism Development," *Tourism Tribune*, 2012, 27 (2): 23 – 31.

② 王克军:《民族村寨旅游利益博弈下的环境问题研究——以四川甲居藏寨为例》,《干旱区资源与环境》2014 年第 2 期。

③ 李乐京:《民族村寨旅游开发中的利益冲突及协调机制研究》,《生态经济》2013 年第 11 期。

④ 张补宏、徐施:《基于利益相关者理论的民族旅游研究》,《中央民族大学学报》（哲学社会科学版）2009 年第 6 期。

⑤ Kayoko Ishii, "The Impact of Ethnic Tourism on Hill Tribes in Thailand," *Annals of Tourism Research*, 2012, 39 (1): 290 – 310.

⑥ 陈昕、吕宛青:《我国遗产地旅游利益相关者系统研究——以丽江为例》,中国旅游出版社, 2012。

⑦ 马鑫:《民族文化旅游资源的产权界定及利益分配问题研究》,《云南民族大学学报》（哲学社会科学版）2011 年第 4 期。

⑧ 王兆峰、腾飞:《西部民族地区旅游利益相关者冲突及协调机制研究》,《江西社会科学》2012 年第 1 期。

分配问题提供相应的解决对策。他们认为首先应明确各个利益主体及利益分配问题，而后建立共同参与的旅游开发模式，并形成利益相关者协调机制。而具体方式有：明确法律行为，明晰产权，对传统文化传承者（居民）赋权，建立利益均衡机制，建立文化整合机制等。张海燕、李岚林[①]分析了西南民族地区旅游产业核心利益相关者——旅游者、旅游企业、社区居民以及政府部门之间的利益矛盾与冲突，并运用增权理论提出了解决这些利益冲突的策略。李杨、沃尔[②]通过案例评估比较了民族旅游中的四个关键利益相关者（政府、旅游企业、少数民族和游客），认为由民族特性所导致的利益差异与紧张关系是无法消除的，但可以通过相互理解和有效管理来控制。

4. 生态景区管理中的旅游利益分配问题

有学者关注自然生态景区利益相关者利益分配问题。李星群[③]以广西大明山国家级自然保护区为案例，对其利益相关者进行研究，指出大明山管理局对不同利益相关者利益冲突问题负有主要责任，生态旅游经营者和社区居民是造成其利益冲突的关键因素；从明确主要利益相关者的共同价值观、培育生态旅游经营者的责任感等方面提出大明山生态旅游主要利益相关者利益协调的对策。桑德布鲁克、威廉[④]研究了乌干达国家公园的旅游利益分配问题，分析了其利益分配不均问题的潜在因素，引入两种参与旅游方式：主动参与（如通过就业）和被动参与（如通过收入共享），指出应该通

① 张海燕、李岚林：《基于和谐社会建设的西南民族地区旅游产业利益相关者利益冲突与协调研究》，《贵州民族研究》2011 年第 6 期。

② L. Yang，G. Wall，"Ethnic Tourism：A Framework and an Application," *Tourism Management*，2009，30（4）：559－570.

③ 李星群：《自然保护区生态旅游主要利益相关者利益诉求研究——以广西大明山国家级自然保护区为例》，《生态经济》2011 年第 10 期。

④ C. Sandbrook，M. A. William，"Accessing the Impenetrable：The Nature and Distribution of Tourism Benefits at A Ugandan National Park," *Society & Natural Resources*，2012，25（9）：915－932.

过主动和被动结合的形式促进利益分配均衡。劳伦斯、威金斯[1]分析了生态旅游中的利益相关者及他们之间的利益冲突，指出这将阻碍生态旅游的有效开展，应在政府的规划下，加强相关企业的交流和合作，降低冲突发生的可能性。

5. 其他旅游利益分配研究

还有其他一些研究者从经营性景区、遗产旅游地等方面出发，关注旅游利益相关者的利益分配问题。褚宏伟[2]、郭贞[3]、郑仕华[4]等关注营利性旅游景区，分析旅游景区各个利益主体的利益诉求及他们之间的关系，包括利益冲突、角色错位、权益与义务不对等和参与面与受益面严重失衡等方面，试图构建有效的景区利益分配方式。陈昕[5]关注于遗产地旅游不同利益主体逐利行为，通过对遗产地发展中可能存在的利益矛盾和冲突现象进行理论分析和科学分类，提出了强化共生、调适冲突、合理地引导遗产地旅游利益相关者发展的思路。

从以上的旅游相关者利益分配的文献中可以看出此方面的研究比较翔实，有良好的研究基础。

（二）宗教文化旅游中的利益分配问题

对宗教文化旅游中利益分配问题的研究相对较少，主要有以下的一些研究内容。陈辰[6]分析了佛教遗产旅游的利益相关者，其中

---

① T. B. Lawrence, D. Wickins, "Phillips N. Managing Legitimacy in Ecotourism," *Tourism Management*, 1997, 18 (5): 307 – 316.

② 褚宏伟：《营利性旅游景区利益相关者利益协调研究》，硕士学位论文，湖南师范大学，2012。

③ 郭贞：《旅游景区利益相关者利益分配研究》，硕士学位论文，四川大学，2007。

④ 郑仕华：《石林风景区利益相关者及其协调机制研究》，硕士学位论文，云南师范大学，2006。

⑤ 陈昕：《遗产地旅游不同利益主体逐利行为分析》，《产业与科技论坛》2012 年第 8 期。

⑥ 陈辰：《基于利益相关者的佛教遗产旅游开发探讨——以南京市佛教遗产为例》，《东南大学学报》（哲学社会科学版）2011 年第 S2 期。

核心利益相关者为佛教旅游者、当地社区、政府部门和旅游企业。以南京市佛教遗产为例，说明核心利益相关者在旅游开发中的利益冲突，提出了佛教遗产旅游开发的利益协调对策。彭惠军、黄翅勤[1]通过对南岳衡山宗教旅游景区利益相关者的研究，分析利益主体间的不同利益诉求及由此引发的利益冲突，明确了各个利益相关者的有效参与和支持是宗教旅游景区可持续发展的关键。加特莱尔、柯林斯等[2]关注了以色列海法的巴哈伊公园圣俗两用的共生模式，并提出有效避免宗教朝圣者和普通旅游者之间冲突的方式，并最终利用分层列斐伏尔三角模型印证了其观点。朱莲[3]对九华山宗教风景区的利益相关者的利益分配问题做出分析，指出利益冲突主要集中在：佛教朝圣者与香客及观光游客之间、管委会与寺庙之间、管委会与居民/经营户之间、管委会与旅游企业之间。其中管委会和旅游企业是最大获利者，而寺庙、游客和居民/经营户的利益受到严重的损害，最后提出了赋权和多方协作等具体的利益分配方式。

通过对旅游利益相关者利益分配问题的回顾，我们可以发现研究旅游利益相关者利益分配问题的关键在于：一方面，关注各个利益相关者的利益得失，具体表现在各个利益相关者的利益诉求及利益失衡情况；另一方面，剖析系统性、深层次的利益分配问题，找到整体性的解决对策。这为我们本项西藏寺院旅游利益分配问题的研究提供了思路。

综上所述，通过对旅游利益相关者、旅游利益相关者利益分配问题的研究回顾，我们发现，对于旅游利益相关者的文献是翔实

---

① 彭惠军、黄翅勤：《利益相关者视角下宗教名山旅游景区可持续发展研究——以南岳衡山为例》，《市场论坛》2011 年第 6 期。

② J. D. Gatrell, N. Collins - Kreiner , "Negotiated Space: Tourists, Pilgrims, and the Bahá'í Terraced Gardens in Haifa," *Geoforum*, 2006, 37 (5): 765 - 778.

③ 朱莲：《宗教风景区利益相关者管理研究》，硕士学位论文，安徽大学，2012。

的，为本书提供了一个较好的研究基础。同时在文献梳理中可以发现关于宗教旅游利益分配方面的研究还较少，而对西藏寺院旅游的利益分配问题的研究则更少，所以本书对西藏寺院旅游利益分配问题的研究可以充实已有的研究内容，并在已有研究基础上结合西藏寺院旅游的特点，进一步深入探讨宗教旅游中的西藏寺院旅游，对西藏寺院旅游的利益分配问题进行良好的分析。

第二节　相关理论依据

"西藏寺院旅游利益分配机制研究"是一个综合性、交叉性的课题，它融宗教学、旅游学、经济学、管理学为一体，涉及多个学科的理论和知识。其中，对本书有直接指导作用的理论主要有：宗教文化旅游学理论、收入分配理论、社区参与旅游发展理论。

一　宗教文化旅游的相关知识

寺院旅游属于宗教文化旅游的研究范畴。宗教文化旅游不仅是人类最早出现的旅游活动，而且长期以来是我国和世界上一些国家最重要的旅游活动。尽管宗教文化旅游的实践活动已经非常成熟，但是学术界对宗教文化旅游理论的系统研究并不多见。在《当代藏传佛教文化旅游研究》①中，笔者对宗教文化进行了比较系统的归纳，本书以其为依据对寺院旅游的相关理论加以阐述。

（一）宗教文化旅游的定义

目前，学术界还没有对宗教文化旅游的定义达成共识。在《当代藏传佛教文化旅游研究》中，笔者将宗教文化旅游定义为：宗教信仰者和非宗教信仰者，以宗教文化为对象，借助各种宗教文化设

---

① 王亚欣：《当代藏传佛教文化旅游研究》，经济管理出版社，2012。

施、宗教文物或宗教活动等从事的旅游活动。

该定义包括以下含义：第一，宗教文化旅游的主体是宗教信仰者和对宗教文化有兴趣的旅游者；第二，对宗教信仰者而言，宗教活动的动机重，但一般也有游览、观光的动机；对旅游者而言，有的是单纯出于游览、观光的动机；有的是以游览、观光为主，兼有一定的朝拜行为；第三，宗教文化设施、宗教文物、宗教活动等是宗教文化旅游的媒介和载体。

（二）宗教文化旅游的当代价值

宗教文化旅游是我国最古老、最传统、最具特色的旅游活动之一。在不同的历史时期，宗教文化旅游具有不同的价值。在当代，宗教文化旅游最主要的价值是在满足人们对宗教文化消费需要的同时发挥宗教的积极社会功能。

在《当代藏传佛教文化旅游研究》中，笔者从历史唯物主义思想观点出发，用辩证的、发展的目光重新审视藏传佛教文化的旅游价值，重新认识和理解藏传佛教文化的当代旅游价值，认为藏传佛教在抚慰人们的精神和心理、丰富知识、开阔视野、提高审美情趣、增强环保意识等方面具有特殊的价值和意义。

1. 终极境界取向给旅游者以心灵慰藉

藏传佛教终极境界取向能够帮助人们缓解精神压力，获得心灵慰藉。我从哪里来，到哪里去？为什么活着，如何活着？这些不仅是哲学话题，而且是长期困扰人类的难题。为此，不同的宗教给出了不同的答案。藏传佛教格鲁派的创始人宗喀巴大师依据佛教的六道轮回和涅槃理论，将整个宇宙划分为"三恶趣"（地狱、畜牲、恶鬼）和"三善趣"（天、人、阿罗修）。当人死后，会根据你活着时造的"业"决定到哪个趣中去。做的善业多就会到"三善趣"中，做的恶业多就会到"三恶趣"中。但是，无论是进入"三善趣"还是"三恶趣"，都是暂时的、无常的。只有进入涅槃境界，才能脱离六道轮回，达到"常、乐、我、净"的状态，因此，涅槃是脱离了六道轮回的最高理想境界。

藏传佛教对彼岸世界的追求能够给人以精神慰藉和心理支持。首先，藏传佛教解决了人们追求长生、惧怕死的问题，使人从轮回思想中找到归宿；其次，藏传佛教的群体性、组织性，使信仰个体在共同的信仰、共同的宗教行为中获得陪伴、关照，减少个体的孤独、寂寞；再次，藏传佛教在一定程度上强化了人们对疾病、贫困、失业、失败等苦难和困境的心理承受能力；复次，宗教节日和人生仪式，增加人们的信心、勇气和力量，从而摆脱心理的恐惧和焦虑，使心灵得到慰藉和解脱；最后，化解人们心中的不满，让信众获得心理宣泄和心灵慰藉，缓解内心压力，又能使信众以平常心来对待苦难和不幸。

2. 伦理思想和道德规范，有助于人文素质的提升

在佛教的思想教义中，有许多规范人们的思想、行为的内容，例如与佛教教理、戒律密切结合的八正道、五戒、十善、六度、四摄、六和等，都兼有道德的意义。"五戒"，不杀生、不偷盗、不邪淫、不妄语、不饮酒；"十善法"，不杀生、不偷盗、不邪淫、不妄语、不两舌、不恶口、不绮语、不贪、不嗔、不痴。

宗教思想对世俗社会也会产生巨大影响。在西藏，作为吐蕃王朝第 33 任赞普，松赞干布根据佛教的"五戒"和"十善"精神，结合吐蕃社会的实际情况制定出吐蕃法律 20 条。

"五戒""十善法""十善标准"等道德规范不仅起到教化人的作用，而且在吐蕃人民心中起到了"对善者予以奖励，对恶者加以惩罚，对豪强大族用法律压抑，对贫弱者设法扶助"[1] 的作用，而且

---

[1] 萨迦·索南坚赞：《王统世系明鉴》，陈庆英、仁庆扎西译注，辽宁人民出版社，1985，第61页。

久而久之在藏族人民的心中形成了行善、慈悲、怜悯、知足、正义、宽容、自谦、诚实、和谐、义务、利他、贡献、责任的行为准则，在漫长的历史进程中又逐渐演变成藏族人民内在的文化心理特质。

3. "十明"文化开拓旅游者的视野

在博大精深、源远流长的宗教文化体系中，蕴含着人文社会科学中的哲学、心理学、逻辑学、人类学、文化学、价值学、符号学、诠释学、系统艺术学、文学结构主义、发生认识论等；包含着自然科学中的医药学、天文历法学、工艺技术学、建筑学等。历史上，宗教场所不仅是宗教活动的中心，也是文化传播和民族教育的固定场所，俗话说"一所寺庙就是一所学校"。

藏传佛教从心物结合的层面上给藏族人民带来工具理性、文化知识。大小五明是藏传佛教文化的重要组成部分。"大五明"是指工巧明、医方明、声明、因明、内明；"小五明"是指修辞学、辞藻学、韵律学、戏剧学、历算学。"用现代教育理念分析藏传佛教大小五明文化的内涵，其实探讨的就是'德育'和'智育'的问题，也就是'为学'和'为道'的关系问题。'为道'表示精神境界的培育、终极关怀的祈求。'为学'表示的是外在知识的积累、学习和增长。"①

大乘佛教为了让一切有情众生获得幸福和利益，主张开发和利用为世间服务的知识，为人们排忧解难、离苦得乐。为此，在西藏历史上有"学在寺庙"的说法。在一定的条件下，寺庙不仅培养了修学佛教义理思想的佛学人士，而且培养了一大批通晓藏族诸种文化的专业人才。新中国成立以后，大小五明文化开始走出寺院，走向民间、走向大众。藏医院、藏戏团、天文历算研究所等机构，一方面起到传承藏族传统文化的作用，另一方面很好地发挥着服务民众的良好社会功能。

---

① 班班多杰：《藏传佛教大小五明文化》，《中国宗教》2003 年第 11 期，第 52 页。

4. 宗教艺术给人以美的享受和思想启发

"宗教艺术是以表现宗教观念、宣扬宗教教理，跟宗教仪式结合在一起或者以宗教崇拜为目的的艺术。它是宗教观念、宗教情感、宗教精神、宗教仪式与艺术形式的结合。"[1] 宗教建筑、造像、绘画、书法、音乐不仅是艺术美感的展现，更是对宗教思想的表达，对宗教感情的宣泄。为了促进宗教发展，宗教势力竭尽全力把精湛的艺术技巧运用到神圣的事业上，使神圣的灵光增添艺术的光辉。对宗教思想的理解给艺术家以创作的冲动和灵感，对宗教的笃深信仰使艺术家把艺术创造过程视为宗教修行的过程，为此他们不计工本，不惜心血，甚至生命。正因如此，宗教艺术成为世界艺术殿堂中非常辉煌和震撼的珍品。

藏传佛教文化震撼人心的美不仅具有强烈的视觉冲击力，而且蕴藏着丰富的文化内涵。藏传佛教寺院建筑及其内部陈设是藏传佛教教义和宗教艺术的集中体现。藏族建筑师和艺术家们将藏传佛教精深的教义，以及藏族社会悠久的发展轨迹，物化在藏传佛教的寺庙建筑、壁画、唐卡、佛像中。以寺院建筑为例，藏传佛教寺院建筑艺术独特，寓意深刻。藏传佛教的宇宙结构论，把世俗世界划分为"欲界""色界""无色界"。基于"三界"思想，依山而建的寺院建筑布局大都是自下而上分三个层次。藏传佛教把世界的地理结构和形状理解为以须弥山为世界的中心，周围环绕四大部洲和八小部洲。这一思想充分地体现在平地寺院的布局中。桑耶寺的乌孜主殿代表世界中心须弥山；主殿两旁的神殿象征着太阳和月亮；主殿四方及其两旁的 12 座神殿象征着四大部洲和八小部洲，寺庙围墙象征世界外围的铁围山。

---

[1] 蒋述卓：《宗教艺术的含义》，《文艺研究》1992 年第 6 期。

5. 旅游购物丰富旅游者的体验

旅游购物是旅游六大要素（吃、住、行、游、购、娱）之一，购买独特的旅游商品是当今旅游活动的重要内容之一，对此旅游者充满热情。宗教文化旅游纪念品除了具有一般旅游商品的特征外，还具有特殊的宗教寓意、强烈的感染力等。宗教是一种典型的象征文化，宗教思维基本上是一种以直觉领悟为主要特征的思维模式，宗教器物自然也就成了"以象比类"、以"象"悟"道"的一种象征和象征性文化心理符号。可感性和领悟性，是宗教器物传达"灵"之密语的基本方式，也是缺乏较高抽象能力的一般信众们最易接受的直观教材。① 此外，购买藏传佛教旅游纪念品还是一种文化的体验活动，不同于一般的消费行为。首先，在购买旅游纪念品的过程中，游客不仅对宗教器物的外在形式有了认识和了解，而且对器物的宗教意义和宗教用途有了认识和理解；其次，游客通过询问旅游纪念品的品质、价格，保存、使用的方法，鉴赏、收藏知识等，不仅能了解纪念品本身的情况，还能间接了解到西藏居民的交易习俗、审美情趣、对旅游者的态度等，使旅游体验更加深入；再次，旅游纪念品能够唤起旅游者对旅游活动的美好回忆，延长旅游体验过程；最后，旅游者通过向亲朋展示、馈赠所购旅游纪念品，还能够起到传播宗教文化的作用。

藏传佛教工艺品、艺术品、宗教用品等因具有特殊的意义，鲜明的宗教特色、民族特色、地方特色，较强的实用性和收藏价值等受到旅游者的青睐。具体表现为：第一，藏传佛教旅游纪念品，如佛像、唐卡、转经轮、手串、藏香等，不仅可以满足游客对藏传佛教宗教艺术的欣赏，还因其特定的宗教意义被赋予护身、

① 张佐邦：《宗教器物对人类审美心理的浸润——以中国西南少数民族为例》，《贵州社会科学》2008 年第 5 期，第 51 页。

保平安、辟邪、保健等功能；第二，富有青藏高原特色的藏传佛教旅游纪念品，如牦牛头、牦牛角、牦牛骨制品等，不仅能让游客领略到青藏高原独特的地域特色，而且能感受到牦牛崇拜的文化内涵；第三，地方原材料与传统手工艺结合的西藏传统手工艺术品，如天然岩料与传统绘画工艺结合的唐卡、藏银与传统金属制作工艺结合的银饰和银器，多种藏药与传统制香工艺结合的藏香等，不仅具有较高的艺术观赏价值，而且极具收藏价值和实用价值。

6. 自然环境和宗教氛围放松旅游者的心情

宗教文化旅游作为一种旅游类型，具有一般旅游活动的共性，但是俗话说"天下名山僧占多"，出于修行的需要，传统的佛教寺院和道教的宫观多分布在丛林掩映的山林之中。加之千百年虔诚信众的筚路蓝缕、精心呵护，一些寺观向游人展现的是丛林掩映、殿宇庄严的景色。

在"慈悲为怀""勿伤生灵""万物平等"的藏传佛教教义下，在藏族信众的心中，自然界的山水不仅是有生命的，而且具有超人间力量，被视为神山圣湖。对神山圣湖的崇拜，自然产生某些禁忌，这些禁忌作为不成文的环保习俗，自觉规范了全体社会成员的行动。在藏传佛教的生态观和生态实践的保护下，大片的草场，成群的牛羊，碧波荡漾的湖水和白雪覆盖的高山构成西藏的天然景观和自然、美好的生态环境。当游客置身于由清新的空气、芳香的草木、悠闲的牛羊、虔诚的信众、泰然的僧侣、辉煌的寺院等构成的"纯净"世界里时，会暂时忘却激烈的职场竞争、拥挤的城市生活、污染的环境压力等，心中的忧愁、烦躁、困顿、迷茫、焦虑等也会顷刻消散。此时此刻，让人感受最深的是保护环境的重要性和践行环境保护的紧迫性。

（三）宗教文化旅游的特点

宗教文化旅游作为一种旅游类型，具有一般旅游活动的共性，但是宗教文化具有信仰层面的内涵，由于旅游主体和客体的特殊性，而具有自身的明显特点。

1. 生命力长

加拿大旅游学家巴特勒（Butler）根据产品周期的概念，提出旅游地演化经过六个阶段：探索阶段、起步阶段、发展阶段、稳固阶段、停滞阶段、衰落或复兴阶段，如图 2-1 所示。①

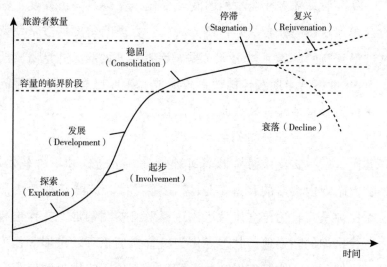

图 2-1　旅游地生命周期曲线

资料来源：保继刚、楚义芳《旅游地理学》（修订版），高等教育出版社，1999，第 104 页。

作为旅游地的一种类型，宗教文化旅游地按照旅游地演化周期理论，也要经历探索、起步、发展、稳固、停滞、衰落或复兴六个发展阶段。与一般旅游地不同的是，由于宗教文化旅游的特殊性，

---

① 保继刚、楚义芳：《旅游地理学》（修订版），高等教育出版社，1999，第 106~107 页。

宗教文化旅游地具有较长的生命周期。具体原因如下。

首先，宗教具有较强的生命力。"宗教的产生和存在，有着深厚的社会基础、自然基础、认识论或社会心理基础，而且宗教本身也会不断地适应社会的发展而不断改造、革新和自我完善。尽管随着科学技术的日新月异，特别是信息科学、生命科学的突破，人们对客观世界乃至生命本质的认识愈来愈深刻，从而对宗教本质的认识也会愈来愈深化，宗教幻想的领域必然会逐渐缩小，人们的宗教观念会逐步趋于淡化。但是，沿着这个总趋势发展的进程是漫长、曲折、复杂的。随着社会剧烈的发展变化，又会在一定程度上强化宗教存在和发展的社会基础，还会从社会心理的角度反过来使认识论基础得到新的滋养。"① 公元 7 世纪佛教传入西藏，并被藏族所接受，至 10 世纪后半期藏传佛教正式形成，距今已有 1000 多年的历史。藏传佛教根植在青藏高原，在漫长的历程中，已和藏民族形成了水乳交融、难舍难分的关系。

其次，宗教文化旅游资源具有独特性、垄断性和不可替代性。例如，大昭寺内供奉的释迦牟尼 12 岁等身像，被藏族视为无比珍贵、无比神圣。布达拉宫作为历代达赖喇嘛的驻锡地，扎什伦布寺作为历代班禅的驻锡地，甘丹寺作为格鲁派的祖寺，桑耶寺作为藏区第一座佛、法、僧三宝俱全的寺院，具有特殊的历史地位和宗教地位，是其他寺院不可替代的。

最后，宗教文化具有不可模仿性。宗教文化旅游资源是在特定的历史条件下形成的，并与周围的地理环境、民族文化、社会背景融合在一起，脱离生存的土壤，就失去了生命力，旅游价值将会锐减，甚至消失。藏传佛教与青藏高原、藏民族之间你中有我，我中有你，早已成为一个有机整体。因此，以青藏高原为背景，以藏民

---

① 叶小文：《与时俱进话宗教》，《中国宗教》2001 年第 6 期。

族为载体的西藏的藏传佛教文化旅游资源具有不可模仿和复制性。正因如此，同样是藏传佛教寺院的北京的雍和宫、承德的外八庙、山西的五台山等，尽管宗教地位、建筑和宗教艺术的价值都很高、宗教氛围也比较浓郁，但是在某种程度上远不如西藏的藏传佛教寺院对游客的吸引力大。藏传佛教文化旅游目的地长久的生命力，为藏传佛教文化旅游的长期发展提供了资源条件，但是藏传佛教文化旅游持续健康发展，还需要合理地利用和科学地管理。

2. 旅游者的文化素质较高

旅游活动就是解读文化符号的过程。纳尔逊·格雷本（Nelson Graburn）认为，"人们进行旅游在于人类有赋予自己的行为、活动以一定符号的意义倾向"。麦克奈尔（MacCannell）基于符号学提出了符号吸引的旅游理论。他认为，"旅游者追求的是异地的不寻常和本真性，追求的是异国文化的符号"[①]，因此游客就是在识别符号、解读符号、体会符号中实现旅游的目的，获得旅游价值。按照符号学的说法，"宗教和其他一切文化形态一样，都是人类创造的一种符号系统"[②]。吕大吉认为，宗教的符号形式是宗教信仰者根据对其所信仰的神圣对象及其自然神性的想象和感受，创造的一系列象征性的语言和模拟性符号。与非宗教符号不同的是宗教符号是从非存在创造存在（幽灵和神），是一种"幻想"。非宗教的符号，虽然采用了象征的形式，但它象征的内容和对象却可以通过自然感官予以感知或认知。宗教是基于想象或幻想构建起的符号体系，比一般的文化符号更加难以认识和理解。

在宗教文化旅游过程中，旅游者对宗教文化认知的多少，体验程度的高低，与旅游者的文化素质，特别是宗教文化知识的多少有

---

① 谢彦君：《旅游体验研究——走向实证科学》，中国旅游出版社，2010，第8～19页。
② 吕大吉、牟钟鉴：《中国宗教与中国文化——概说中国宗教与传统文化》，中国社会科学出版社，2005，第39页。

很大关系。藏传佛教文化具有完整的、独特的符号系统。在旅游中旅游者既要从宗教建筑，宗教造像、器物、宗教艺术等文化符号中，感受丰富的形式美和精湛的艺术美，还需要通过对符号的解读理解蕴藏在宗教建筑，宗教造像、器物，宗教艺术背后的深刻宗教思想和文化内涵。例如，藏传佛教造像中的护法金刚、大威德金刚、马头金刚多为面目狰狞、鼓目圆睁。大威德明王为牛头，头上又有三层头，多只手和六条腿，脚下踩着几个魔怪，脖子上挂着骷髅项链，大肚皮。一些游客不解其意，认为是恶鬼。其实，按照密宗的理论，佛具有两种变化身，有时显现真实身（自性身），有时显现愤怒身（教会轮身），愤怒身的佛像都是护法神，"是佛菩萨故意变化成那种凶恶的模样来吓唬邪魔的。这些邪魔除了指有意破坏佛法的魔鬼外，主要还指阻碍僧人修法的思想上的魔障，例如贪、嗔、痴等人生一切苦恼的根源"①。

3. 旅游吸引范围等级系列分明

旅游决策的基本原则是最大效益原则，即在资金和闲暇时间确定的条件下去追求最大的旅游效益。最大效益的原则主要体现在以下两个方面。其一，最小的旅游时间比。旅游时间比是指在一个完整的旅游过程中，用于往返客源地与目的地的时间与在目的地游玩所消耗的时间的比值。这一原则简而言之为旅速游缓。其二，最大的信息获取量或最高的满意度。依据这一原则，游客在旅游目的地的选择上会优先选择知名度大的旅游地。

在宗教文化旅游中，寺院的宗教影响力和地位不同，导致旅游吸引范围的等级序列分明。按照恩格斯关于宗教在历史上是从"部落宗教"发展为"民族宗教"，再发展为"世界宗教"的分类法，我们不难看出从旅游吸引的角度，"世界宗教"、"民族宗教"到

---

① 察仓·尕藏才旦：《中国藏传佛教》，宗教文化出版社，2003，第232页。

"部落宗教"的吸引范围为递减的趋势。"为此，依宗教的发展演变的轨迹，宗教由最初的'祖教'演化成多种教派，这些教派自身又发展成更小的宗派，因此宗教及文化的吸引范围成明显的等级序列。"①

藏传佛教是在印度佛教基础上融合了青藏高原原始苯教形成的具有藏民族特点的佛教。公元 10 世纪后，随着藏传佛教"后弘期"的开始，陆续出现了许多教派，有早期的宁玛派、萨迦派、噶当派、噶举派，还有 15 世纪初由宗喀巴创建的格鲁派等。每个教派都有数量不等、规模不一的寺庙。在众多寺院中，由于寺院的宗教、历史、社会文化地位的不同，其宗教文化的吸引范围具有明显的序列。大昭寺是藏传佛教最神圣的寺庙。1409 年，宗喀巴大师为歌颂释迦牟尼的功德，召集藏传佛教各派僧众，在寺院举行了传昭大法会，受到各教派的尊崇。西藏政教合一之后，"噶厦"的政府机构设在大昭寺内，活佛转世的"金瓶掣签"仪式、历代的达赖或班禅的受戒仪式也都在这里举行，每年这里都举行传召法会。现在寺内供奉的释迦牟尼 12 岁等身像，是唐朝文成公主从长安城带到西藏的，在藏传佛教信众的心目中有着至高无上的地位。因此每位到过西藏的游客都必定去大昭寺观光游览。正如大昭寺里著名的喇嘛尼玛次仁所说的"去拉萨而没有到大昭寺就等于没去过拉萨"。甘丹寺作为宗喀巴大师亲自创建的寺庙被称为格鲁派的祖寺，备受格鲁派的推崇。由宗喀巴大师的弟子修建的哲蚌寺、色拉寺、扎什伦布寺以及塔尔寺和拉卜楞寺与甘丹寺一道被称为格鲁派的六大寺庙，受到宗教信徒和旅游者的青睐。

4. 旅游要素的组合性强

宗教文化体系庞大、内容丰富、博大精深。宗教思想渗透到政

---

① 保继刚、陈云梅：《宗教旅游开发研究——以广东南华寺为例》，《热带地理》1996 年第 1 期，第 90 页。

治、经济、思想、文化等各个领域，它不仅对人们的人生观、价值观、道德观和审美观以及生态观产生深刻影响，而且物化在建筑上，投射在绘画、雕塑、戏剧、音乐、舞蹈等艺术形式中，附着在自然的山水之上。

正因如此，在西藏无论是自然旅游资源还是社会文化旅游资源都无不打上藏传佛教的烙印。首先，藏传佛教文化与青藏高原自然风光结合在一起，互相辉映。无论是寺庙、白塔、经幡、玛尼堆，还是喇嘛、信众，只有在青藏高原蓝色的天空、白色的浮云、耀眼的山峰、绿色的草地、成群的牛羊等衬托下才显得熠熠生辉、光彩照人。没有珠穆朗玛峰的衬托，绒布寺不会显得那么神圣；没有高山草甸作背景，松赞林寺的金顶不会显得那么耀眼；没有红山作依靠，布达拉宫不会那么壮观。其次，藏传佛教与藏民族融合在一起，你中有我，我中有你。藏民族是藏传佛教文化的载体，有藏民族的地方就有藏传佛教。没有喇嘛，寺院就变成了博物馆，藏传佛教也就无法传承；没有手拿念珠，摇动转经轮转经的人流，寺院、白塔、神山、圣湖就缺少了生机；没有大昭寺门前和佛殿前磕长头的信众，游人就看不到信众对藏传佛教的虔诚，感受不到西藏寺院旅游氛围的浓郁。最后，藏传佛教已经融入藏民生活中，藏区的家家户户都少不了佛像与供桌，有条件的家庭还设专门的经堂。笔者在日喀则调研时看到，藏族家中的长者，每天早晨洗漱后做的第一件事，就是在佛龛前供上圣水，燃上一炷香；傍晚太阳即将落山时，忘不了把圣水收起，每天这样从不间断。

藏区的传统节日更是被赋予了藏传佛教文化与民俗活动结合在一起的内涵。由于藏民族笃信藏传佛教，所以衣食住行、婚丧嫁娶、节日禁忌等均深受藏传佛教的影响。藏民族的许多习俗若是追根溯源的话，都和藏传佛教有着千丝万缕的联系。例如，寺院在夏季举行的跳神、演藏戏等多与佛教戒律"夏安居"（也叫坐夏）有关。遵照佛教戒律，凡比丘、沙弥在夏天雨季期间要进行长净和夏安居活动。出家人一般都足不出户，在家闭门修习，以免踩伤这一时期外出活动的虫类。夏安居一般始于藏历三月，持续三个月时间，于藏历六月三十日结束。结束夏安居被称为"解制"。雪顿节就是在夏安居解制这一天，出家人纷纷下山，老百姓要以酸奶敬献。雪（酸奶）顿（宴会）节由此得名。17世纪五世达赖喇嘛时期，为了让整个夏安居期间足不出户的僧人们放松一下，雪顿节又增添了跳藏戏的内容。18世纪后，开始允许老百姓参加。从此，雪顿节的活动便更加完整，形成一套固定的节日仪式。今天的雪顿节则加入了文艺会演、商贸洽谈、物资交易、旅游观赏等项目，内容丰富，形式多样，成为拉萨夏日最隆重的节日。

由此可以看出，西藏寺院旅游不是孤立、单一的宗教旅游活动，而是与高原自然景观的观赏、藏民族风情体验结合在一起，具有丰富的文化内涵和多种形式，可以满足旅游者多种旅游体验需求。正因如此，在寺院旅游资源开发中应注意整体性和保护性，避免因单一开发某一资源要素，导致对资源整体性的破坏和外在景观的不协调。

5. 游客的重游率低

保继刚等在研究宗教旅游时发现宗教旅游的重游率高，认为"一般地，游客到某地旅游不会年年前往，游过的地方吸引力便会降低，隔几年才有旧地重游的兴趣。但宗教旅游不同，信徒会定期、多次前往，这都源于其旅游动机不同"[①]。

与一般的宗教文化旅游重游率高不同的是，西藏寺院旅游的重游率低。

---

① 保继刚、陈云梅：《宗教旅游开发研究——以广东南华寺为例》，《热带地理》1996年第1期，第92页。

首先，藏区远离国内、国际主要客源市场，交通成本高。笔者调查发现，西藏旅游的客源市场集中在我国的东部、中部地区和四川盆地，其中珠江三角洲、长江三角洲、环渤海地区和四川盆地的游客分别占 27.1%、11.6%、13.8% 和 8.8%，共计 61.3%。[①] 长江三角洲、珠江三角洲和环渤海地区距拉萨都在 4000 公里以上，其中，北京至拉萨火车运行距离为 4064 公里，上海至拉萨火车运行距离为 4373 公里，广州至拉萨火车运行距离为 4980 公里。从国际旅游市场看，西藏与东亚、东南亚、北美和欧洲等主要国际客源市场的距离更加遥远。路途费用高、时间长，成为西藏寺院旅游的主要限制因素。其次，高原反应限制了部分游客的出行。青藏高原平均海拔 4700 米，藏传佛教文化旅游景点多分布在 3500 米以上。海拔高、气压低，导致人体缺氧，一些旅游者因缺氧症状明显，出现高原反应。特别是对老年人和身体相对虚弱的旅游者来说，高原反应成为重要的限制因素。藏区主要城市海拔高度见表 2－1。

表 2－1　藏区主要城市海拔高度

城市名称	海拔高度(米)	城市名称	海拔高度(米)	城市名称	海拔高度(米)
拉萨	3650	波密	2750	普兰	3700
日喀则	3836	林芝	3000	日土	4250
江孜	4040	泽当	3500	夏河	3200
昌都	3240	定日	4300	西宁	2250
安多	4800	察隅	2327	香格里拉	3300
那曲	4507	帕里	4300	当雄	4200

资料来源：《中华人民共和国地图集》，地图出版社，1984。

---

① 2010 年西藏调研获得。

重游率低，一方面使旅游者对旅游寄予很高的期望，对西藏寺院旅游的质量提出了较高的要求；另一方面，对西藏寺院旅游管理者和经营者也提出了更高的要求。为了树立良好的旅游目的地形象，在西藏寺院旅游产品开发、旅游服务保证等方面，西藏旅游业更应强调以人为本，突出多元化和个性化服务。

二 利益相关者理论

所谓"利益"，从字面上解释就是"好处"。从学术的角度，学者给出了不同的定义。齐平（1989）从人类的需求角度出发，认为："所谓利益，从广义说，是指人们生存、发展和享受所需要的一切物质的和精神的成果，它包括经济利益、政治利益、文化利益，等等。但是，人们的利益基础是物质利益，或者说是经济利益。"[①] 苏宏章从主客体关系出发，认为："利益是由人的活动来实现的、以满足主体需要的一定数量的客体对象，包括物质、精神和经济领域的内容。"[②] 熊邵华、全华（1995）从人类活动的目的角度出发，认为："利益是所有经济活动领域追求的最高境界，也是一切经济活动的出发点和归宿，并表现于整个经济活动过程中。"[③] 借鉴上述有关"利益"的定义，结合本书研究的对象，我们认为：利益是人们通过社会关系表现出来的不同需要。由于人的需要是多方面的，因此利益也是多种多样的。对物质产品的占有关系，是物质利益，也称为经济利益。除此之外，还有政治利益和精神生活方面的利益。从本书研究的对象上界定利益，主要指对物质的占有，即经济利益。

[①] 齐平：《论人民内部的经济利益矛盾》，《马克思主义研究》1989 年第 3 期。

[②] 苏宏章：《利益论》，辽宁大学出版社，1991。

[③] 熊邵华、全华：《论自然风景开发的区域经济效应——以武陵源风景开发为例》，《旅游学刊》1995 年第 4 期，第 23～29 页。

（一）利益相关者的定义

利益相关者（Stakeholder）的概念最早出现在20世纪60年代。就"Stakeholder"一词，国内有两种不同的翻译，一是利益相关者，另一是利益主体。本研究以寺院旅游经济为研究对象，探讨与之相关的人及这些人的利益分配问题，基于这样的考虑我们采用"利益相关者"的名称。

利益相关者意指"那些能影响组织目标实现或被该目标影响的群体或个人"[1]，或是"任何能影响或为组织的行为、决定、政策、实践或目标所影响的个人或群体"[2]。利益相关者理论将政府、社区以及相关的政治、经济和社会环境乃至非人类的因素如自然生态环境等纳入其中，将企业的社会责任和管理紧密联系起来，强调利益协调和发展的可持续性，为企业管理提供了一种全新的模式。[3]利益相关者理论以其极强的分析力和解释力，迅速成为管理学研究领域中一种重要的理论范式。[4]

1. 利益相关者

1963年，利益相关者的概念由斯坦福研究院首次提出。1965年，美国学者Ansoff将利益相关者引入管理学界和经济学界，认为："要制定出一个理想的企业目标，必须综合平衡考虑企业的诸多利益相关者之间相互冲突的索取权，他们可能包括管理人员、工人、股东、供应商以及分销商。"

目前，有关利益相关者概念的表述很多，但是还"没有一个定

① R. E. Freeman, *Strategic Management: A Stakeholder Approach*, Boston: Pitma Press, 1984, p. 46.
② A. B. Carroll, A. K. Buchholtz, *Business & Society: Ethics and Stakeholder Management*, Cengage Learning, 2008, p. 84.
③ 贾生华、陈宏辉：《利益相关者的界定方法述评》，《外国经济与管理》2002年第5期，第13~18页。
④ 高科：《我国宗教旅游利益相关者及其协调机制初探》，《广西民族研究》2010年第3期，第184~190页。

义得到普遍认同"。① 其中，以弗里曼（Freeman）与克拉克森
（Clarkson）的表述最具代表性。弗里曼认为，"利益相关者是能够
影响一个组织目标的实现，或者受到一个组织实现其目标过程影响
的人"。② 从这一定义中我们看出：第一，利益相关者与组织（企
业）之间的关系；第二，利益相关者的界定相当宽泛。克拉克森认
为："利益相关者以及在企业中投入了一些实物资本、人力资本、
财务资本或一些有价值的东西，并由此而承担了某些形式的风险；
或者说，他们因企业活动而承受风险。"③ 从这一定义中可以看出，
加强了利益相关者与企业的关联，强调利益相关者对企业的投入以
及承担风险。

国内学者有关利益相关者的定义中，贾生华、陈宏辉的界定有
一定代表性，他们认为："利益相关者是指那些在企业中进行了一
定的专用性投资，并承担了一定风险的个体和群体，其活动能够影
响该企业目标的实现，或者受到该企业实现其目标过程的影响。"④

总之，利益相关者理论认为，企业是其与各种利益相关者结成
的一系列契约，是各种利益相关者协商、交易的结果，无论是投资
者、管理人员、员工、顾客、供应商，还是政府部门、社区等，都
对企业进行了专用性投资并承担由此所带来的风险。因此，为了保
证企业的持续发展，除了股东以外，企业也应当向其他利益相关者
负责，在企业治理过程中要兼顾内部和外部有关权益主体的利益。

---

① 转引自胡谷桥《利益相关者理论与企业的社会责任建设》，《生产力研究》2009 年第
9 期。
② R. E. Freeman, *Strategic Management: A Stakeholder Approach*, Boston: Pitma Press,
1984, p. 46.
③ M. Clarkson, "A Stakeholder Framework for Analyzing and Evaluating Corporate Social
Performance," *Academy of Management Review*, 1995, 20（1）: 92－117.
④ 贾生华、陈宏辉：《利益相关者的界定方法述评》，《外国经济与管理》2002 年第 5
期，第 13～18 页。

2. 利益相关者分类

已有的文献中将利益相关者主要划分为两种类型：多维细分法和米切尔（Mitchell）评分法。

（1）多维细分法

多维细分法包括：弗里曼从所有权、经济依赖性和社会利益三个不同的角度对企业利益相关者进行分类，认为：所有持有公司股票者是对企业拥有所有权的利益相关者，对企业有经济依赖性的利益相关者包括经理人员、债权人、雇员、消费者、供应商、竞争者、地方社区等，而政府领导人、媒体等则与公司在社会利益上有关系。[1] 弗雷德里克（Frederick，1988）将利益相关者分为直接利益相关者和间接利益相关者。直接利益相关者是与企业直接发生市场交易关系的利益相关者，包括股东、企业员工、债权人、供应商等；间接利益相关者则是与企业发生非市场关系的利益相关者，包括中央政府、地方政府、社会活动团体、媒体、一般公众等。[2] 查克汉姆（Charkham，1992）按照相关群体与企业是否存在交易性的合同关系，将利益相关者分为契约型利益相关者和公众型利益相关者。[3] 克拉克森（1994）认为，可以根据相关群体在企业经营活动中承担风险的种类，将利益相关者分为自愿的和非自愿的，区分的标准是主体是否自愿向企业提供物质资本和非物质资本投资。还可以根据相关群体与企业的紧密性，分为首要的和次要的利益相关者。[4] 美国管理学家威勒（Wheeler，1998）将社会性维度引入分类

① R. E. Freeman, *Strategic Management: A Stakeholder Approach*, Boston: Pitma Press, 1984.

② W. C. Frederick, *Businessand Society: Corporate Strategy, Public Policy and Ethics* (6), McCraw - Hill Book Co., 1988.

③ J. Charkham, "Corporate Governance: Lessons of Abroad," *European Business Journal*, 1992, 14 (2): 8 - 16.

④ M. Clarkson, "A Stakeholder Framework for Analyzing and Evaluating Corporate Social Performance," *Academy of Management Review*, 1995, 20 (1): 92 - 117.

标准中，并将利益相关者分为：首要的社会性利益相关者，他们与企业有直接联系，并且有人的参加；次要的社会性利益相关者，他们通过社会性的活动与企业形成间接联系；首要的非社会性利益相关者，他们对企业有直接影响，但不与具体的人发生联系；次要的非社会性利益相关者，他们对企业有间接影响，也不包括与人的联系（参见表2-2）。①

表2-2　不同学者对利益相关者类型的划分

学者名称	弗里曼	弗雷德里克	查克汉姆	克拉克森		威勒
利益相关者类型	所有权	直接利益相关者	契约型	自愿	首要	首要
	经济依赖性	间接利益相关者	公众型	非自愿	次要	次要
	社会利益					

（2）米切尔评分法

米切尔（Mitchell）将利益相关者的界定与分类结合起来，认为，企业所有的利益相关者必须具备以下三个属性中的至少一种：合法性，即某一群体是否被赋予法律上的、道义上的或者特定的对于企业的索取权；权力性，即某一群体是否拥有影响企业决策的地位、能力和相应的手段；紧急性，即某一群体的要求能否立即引起企业管理层的关注。若这三大属性均拥有则是权威（Definitive）利益相关者，若只拥有两项则是关键（Dominant）、从属（Dependent）和危险（Dangerous）利益相关者，若只拥有一种则是蛰伏（Dormant）、或有（Discretionary）和要求（Demanding）利益相关者（如图2-2所示）。②

---

① D. Wheeler & S. Maria, "Including the Stakeholders: The Business Case," *Long Range Planning*, 1998, 31（2）：201-210.

② A. Mitchell, D. Wood, "Toward Theory of Stakeholder Identification and Salience: Defining the Principle of Who and What Really Counts," *Academy of Management Review*, 1997, 22（4）：853-886.

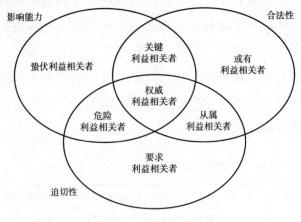

图 2-2 利益相关者

(二) 旅游利益相关者理论

20 世纪 70 年代，全球开始关注企业的社会责任，人们开始意识到企业不仅仅要承担经济责任，还要承担法律、环境保护、道德和慈善等方面的社会责任。[①] 同样，旅游业带来的环境问题、平等发展问题、社会影响问题受到越来越广泛的关注。20 世纪 80 年代，随着旅游界对旅游协作、社区参与、旅游可持续发展、旅游伦理、旅游公平等相关研究主题的关注，利益相关者理论被引入旅游研究领域，并迅速成为旅游研究中一种重要的理论工具。

1. 旅游利益相关者的提出

在国外，旅游研究者率先将利益相关者理论引入旅游领域并运用于旅游发展规划之中，如马希和亨希尔研究了旅游者、居民的期望及相互影响在旅游发展规划中的重要作用[②]；1988 年，K. 迈克尔·海伍德（K. Michael Haywood）在 "Responsible and Responsive

---

① 刘俊海：《公司的社会责任》，法律出版社，1999，第 4 页。

② N. R. Marsh, B. D. Henshall, "Planning Better Tourism: The Strategic Importance of Tourist Residence Expectations and Interactions," *Tourism Recreation Research*, 1987, 12 (1): 47-54.

Tourism Planning in the Community" 中最早使用 "Stakeholder" 一词①。1999 年 10 月 1 日，世界旅游组织大会在其第十三届会议通过的《全球旅游伦理规范》中明确使用了"利益相关者"一词，提供了旅游业发展中不同利益相关者行为参照标准，标志着"旅游利益相关者"概念已正式得到官方认可。随着"利益相关者"在旅游研究中的增加，出现了"旅游利益相关者"术语。

目前，国外旅游其他领域也广泛运用利益相关者理论进行理论研究和管理实践，如旅游营销、生态旅游开发与管理，旅游所涉及的政治、社会、伦理问题等诸多方面。国内旅游界也尝试运用利益相关者理论和方法来解决旅游规划与景区管理方面的问题，如利益相关者理论在我国区域旅游规划中的应用途径的研究——以四川乐山市的旅游规划为例②；旅游景区利益相关者对景区环境管理的影响的研究③。此外，国内学者还将利益相关者理论运用于乡村旅游、生态旅游、古村落旅游、城市旅游、少数民族文化旅游等诸多领域。

2. 旅游利益相关者的分类

简·罗伯逊（Jane Robson）和伊恩·罗伯逊（Ian Robson）认为旅游经营商的利益相关者包括股东、员工、游客、居民、压力集团、国家和地方政府、宾馆、旅游交通、旅游景区、旅游代理商、媒体等④，并绘制了利益相关者基本图谱。

桑特和雷森认为旅游业利益相关者包括积极团体、员工、游

---

① K. Michael Haywood, "Responsible and Responsive Tourism Planning in the Community," *Tourism Management*, 1988, 9 (2): 105 – 118.

② 张伟、吴必虎：《利益主体（Stakeholder）理论在区域旅游规划中的应用——以四川省乐山市为例》，《旅游学刊》2002 年第 4 期，第 63～69 页。

③ 黄昆：《利益相关者共同参与的景区环境管理模式研究》，《湖北社会科学》2003 年第 9 期，第 81～83 页。

④ Jane Robson, Ian Robson, "From Shareholders to Stakeholders: Critical Issues for Tourism Marketers," *Tourism Management*, 1996, 17 (7): 533 – 540.

客、本地市民、竞争者、本地商户、政府部门和国家商务链，并在
费里曼的利益相关者（主体）谱系图的基础上绘制了旅游业利益相
关者（主体）图（见图 2 – 3）。[①]

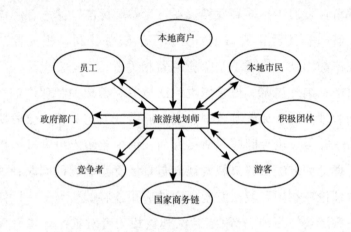

图 2 – 3　旅游业利益相关者（主体）

瑞恩对潜在的利益相关者进行了补充，提出了旅游经营商 12
类利益相关者，包括：地方和国家吸引物、交通供应商、媒体组
织、国家旅游组织、地方政府旅游营销部门、中央政府、旅行代理
商、最终消费者、饭店、地方旅游局、压力群体和员工。[②]

3. 宗教旅游利益相关者构成

根据学者韦弗和奥普曼的研究，旅游的利益相关者主要包括旅
游者、旅游商、客源地政府、东道主政府、东道主社区、非政府组
织、大学及学院等。在此基础上，高科认为旅游者、旅游企业、政
府部门、当地社区、行业协会、相关宗教人士、非政府组织、学术

---

① Elise Truly Sautter & Brigit Leisen, "Managing Stakeholders: A Tourism Planning Model," *Annals of Tourism Research*, 1999, 26（2）: 312 – 328.

② C. Ryan, "Equity, Management, Powers Haring and Sustainability: Issue of 'New Tourism'," *Tourism Management*, 2002, 23（1）: 17 – 26.

界和专家、新闻媒体、社会公众以及其他政府部门构成宗教旅游的利益主体，并根据他们与宗教旅游活动的密切关联性及对整个活动的影响力或重要性将其划分为核心利益相关者、重要利益相关者和外围利益相关者三个圈层。[①]

4. 寺院旅游核心利益相关者的利益

寺院旅游涉及多个相关利益主体，各个利益相关者在寺院旅游中扮演的角色不同，利益诉求和在旅游中所获得的利益也不相同。从本书的研究视角出发，仅就寺院旅游核心利益相关者的利益加以如下概括。

（1）旅游者

旅游者是旅游活动的主体，处在利益关系的核心地位。作为服务的对象，旅游者与其他利益相关者的核心利益是异质的。[②] 他们追求的核心利益是对旅游体验的精神追求，要求高质量的产品和服务。旅游系统中各个子系统，共同为旅游者提供完整的产品和体验：政府保障稳定的社会环境和完善的基础设施，旅游企业提供各类旅游产品和服务，社区为旅游者创造良好的旅游环境和氛围，旅游者在与社区居民的交流中体验当地的宗教文化和宗教信仰情况，等等。

旅游者获得旅游利益，包括：缓解压力，放松身心；满足对宗教文化的好奇，获得宗教文化知识和宗教体验；从宗教思想教义和宗教伦理道德中得到启发、陶冶情操，获得心灵抚慰；满足宗教旅游纪念品的购物需求；从宗教有关医疗、养生、保健等文化中获得康体、疗养、保健的知识和方法，达到身心健康。

旅游者的经济利益主要体现在对旅游产品价格的要求上，通过

---

① 高科：《我国宗教旅游利益相关者及其协调机制初探》，《广西民族研究》2010 年第 3 期，第 185～186 页。
② 王德刚、贾衍菊：《成本共担与利益共享——旅游开发的利益相关者及其价值取向研究》，《旅游科学》2008 年第 1 期，第 9～14 页。

支付给旅游企业和社区居民合理的价格获取等值或超值的旅游产品和旅游体验。

（2）社区

社区及居民，既作为旅游环境也直接提供部分旅游产品；同时，作为资源拥有者与旅游企业形成契约关系并与旅游企业进行利益分成。社区通过出让生活空间、旅游资源、付出生活被打扰等成本，在发展旅游中获得利益。经济利益方面：社区通过资源租赁、转让获得租金或出让金；旅游企业雇用当地居民使他们获得就业机会；一部分有经营能力的居民通过开办旅游工艺品、家庭旅馆和餐馆等业务，参与旅游业经营并获得经营收益。社会利益方面：寺院旅游开发带来基础设施和生活环境的改善；金融、医疗卫生、邮电通信等公共服务体系逐步完善；娱乐、休闲场所的增加，当地居民文化休闲生活更加丰富；由于发展寺院旅游，当地的宗教传统文化、宗教习俗等受到更多的尊重，提高了社区声誉和形象。

（3）旅游企业

旅游企业与其他的利益相关者之间本质上是一种"竞合关系"，是一种基于对有限资源和利益的占有而形成的既竞争又合作的关系。[1] 经济利益是企业追求的核心利益。旅游企业在政府的政策支持和行为的规范下，对旅游资源进行开发和利用，在自己获得经济收益的同时，还能够带动社区的社会经济发展；通过缴纳税费等为政府提供财政贡献；社会责任感使得旅游企业在追求经济利益的同时还会担负一定的社会责任。

（4）地方政府

在我国实施的是政府主导型的旅游发展战略，政府的组织、协

---

[1] 贺小荣：《旅游企业利益相关者管理理论研究进展》，《旅游学刊》2008年第8期，第91~96页。

调能力作用更强。旅游发展中的地方政府利益主要体现为：发展经济，改善居民生活质量，增加就业机会；维护社会稳定；保护地方文化和生态环境；提高地方知名度和美誉度；获得良好的执政业绩等。地方政府有时会因特定的利益追求而导致诉求指向的偏离，过于集中于某项利益诉求或是某一利益方的利益诉求，都会造成利益关系的不平衡。如过度指向经济发展而忽视社会、文化和环境效益；在某些特定条件下，因过度追求发展而牺牲社区的某些利益。

（5）寺院

由于寺院旅游在寺院内开展，目前又是由寺院进行经营与管理，所以寺院在寺院旅游中处于主导地位。寺院的利益主要体现在：通过寺院旅游增加寺院收入，实现以寺养寺；通过寺院旅游增强对寺院文化遗产的传承和保护；借旅游这一方便之门，发挥寺院积极的社会功能。但是不能回避的是，在市场经济体制下，寺院旅游在给寺院带来利益的同时也带来一些问题。"如背离了非营利性组织的性质与社会职能，不利于社会主义文化和经济的健康有序发展。"按照社会组织的分类，寺院属于民间非营利性组织，不能从事营利性经营活动。同时，按照国家对非营利性组织的相关规定，寺院旅游享受减免税收的优惠政策。"寺院为主体进入经济领域，必然要适应经济法则，在激烈的竞争中，虽然寺院可以利用其神圣资源抵挡一时，但许多涉及经济利益分配、产权、税收等方面的问题突显。"①

第三节　社区参与旅游发展理论

近年来，社区参与理论成为旅游发展研究的重点。因为在过去

_____

① 夏梦：《佛教寺院经济运作过程中的经营问题研究》，《长沙大学学报》2010年第4期，第33页。

的旅游开发中大多是一种自上而下推行的政府的或企业的行为，这使得旅游发展与社区和地方民众相脱节，产生了很多问题。例如社区居民受自身知识、技术以及其他条件限制，从旅游开发中获益有限，却被动承担着旅游发展所带来的负面影响，无法获得合理的补偿。社区利益问题得不到重视，导致旅游地社区居民与旅游开发经营者、游客等相关利益者处于对抗状态，旅游发展存在不可持续性问题。

一　社区参与的概念

社区参与概念产生的历史不长，但有关定义很多，学者从各自研究的视角出发对社区参与进行了界定，代表性的有以下几种。

塞缪尔·保罗指出，社区参与是受益人影响发展项目的实施及项目方向的一种积极主动的过程，这种影响主要是为了改善他们自己的处境，如收入、个体发展、自立能力以及他们在其他方面追求的价值。[①]

联合国人居中心（UNCHS）提出四种主张来解释社区参与。(1) 社区参与是一种权利。民众有权去参与直接影响他们生活情况的决策。社区参与是一般民众民主制度的一种形式。(2) 社区参与不是最重要形式的参与。社区参与必须延伸至生活的全部领域，同时必须包括共享发展的利益。(3) 社区参与是一个学习过程，社区参与为达到计划良好结果的方法及为社区实现较好的居住情况——只有居民指导他们需要的事项及他们能提供的事物，因此唯官方与社区间紧密合作，才能将计划满足社区和官方两者。(4) 社区参与是促进计划实行的一个方法。假若官方为社区准备计划同时也能教

---

① S. Paul, Community Participation in Development Projects: The World Bank Experience, World Bank Discussion Papers, No. 6, Washington, D. C, The World Bank, 1987, p. 2.

育民众有关计划意义与目标，社区将更容易去照计划行事，同时这也将促进其实行。①

国内学者对社区参与的定义具体如下。徐永祥认为："社区参与既是政府及非政府组织介入社区发展的过程、方式和手段，更是社区居民参加社区发展计划、项目等各类公共事务与公益活动的行为及其过程，体现了居民对社区发展之责任的分担和对社区发展之成果的分享。"② 叶敬忠认为："社区参与是受益人影响发展项目的实施及方向的一种积极主动的过程。这种影响主要是为了改善和加强他们自己的生活条件，如收入、自立能力以及他们在其他方面追求的价值。"③ 李小云认为："公众参与指的是通过一系列的正规和非正规的机制直接使公众介入决策。"④ 董卫认为："'参与'并不是政府居高临下地对居民的一种权力施舍，而是后者多年来以各种方式进行抗争以及社会民主化发展的结果，'参与'目前已是发达国家社区建设的必要环节。"⑤

综合上述学者对社区参与所下的定义可以看出，社区参与是指生活在特定区域内的人，自愿地将自身的能力、财力、物力等投入社区事务中，并满足自我需求，增进对社区的认同及提升社区生活品质。因此，社区参与主要是由社区来参与直接影响居民生活情况的决定，而这也意味着在官方与社区之间的权力共享。

---

① 王光旭、黄怡臻：《社区人际网络与社区意识及参与关联性之研究：不同营造经验小区的比较》，《调查研究—方法与应用》2018 年第 9 期。

② 徐永祥：《社区发展论》，华东理工大学出版社，2000。

③ 叶敬忠：《参与式发展的概念》，社会科学文献出版社，2005。

④ 李小云：《参与式发展概论》，中国农业出版社，2001，第 1 页。

⑤ 董卫：《城市族群社区及其现代转型——以西安回民区更新为例》，《规划师》2000 年第 6 期，第 86～90 页。

二 社区参与旅游的概念

1985 年，皮特·墨菲在《旅游：社区方法》一书中，首次系统地从社区的角度研究和把握旅游，自此社区参与旅游发展受到越来越广泛的关注。墨菲指出，旅游业从其产生就有着巨大的经济和社会效益，如果能够将其从纯商业化的运作模式中脱离出来，从生态环境和当地居民的角度出发，定能获得更佳的效果。①

社区参与是社区参与旅游的基础，为此学者从不同的视角对社区参与旅游加以定义，代表性的有两种类型：社区主动参与旅游开发和社区作为利用开发主体。

1. 社区主动参与旅游开发

有研究认为社区参与是一个主动参与到开发、管理、监督等各方面的过程。如 Brandon 认为，社区参与应该是主动参与的过程而非被动地接受，社区参与应该是使旅游地社区从旅游业中获利的过程，而不是旅游业带给社区参与以被动接受。② 刘力等认为社区参与旅游发展，是指在旅游发展的过程中，社区主体积极参与旅游的决策、开发、规划、管理、监督等，充分考虑到当地自我的需求，实现旅游的可持续发展。③

2. 社区作为利用开发主体

有研究认为社区参与不是指社区居民主动的一个过程，而指的是在旅游活动进行时他们的利益应被充分重视与考量，把他们当成主体对待。如武魏魏指出，就发展旅游事业的具体情况而言，社区参与是一个包含社区居民、旅游企业、政府部门各方面关系的综合

---

① P. E. Murphy, *Tourism: A Community Approach*, New York: Metheuen Inc., 1985.

② 胡志毅、张兆干：《社区参与和旅游业可持续发展》，《人文地理》2002 年第 2 期。

③ 徐璀昱、刘力、吴慧：《中国的韩国旅游研究进展与展望》，《地理科学进展》2009 年第 1 期。

体，其中政府部门发挥着导向、监督管理的作用，旅游企业发挥着重要的配合作用，而作为整个体系重中之重的社区居民则是整个参与政策具体的实践者与受益者。[①] 保继刚、孙九霞认为，社区参与是旅游可持续发展的重要内容，它要求在旅游规划、开发和管理过程中，充分考虑社区居民的意见和需要，并将其当作旅游开发主体和参与主体。[②] 杜宗斌、苏勤、姜辽认为，社区参与是指在旅游规划、开发和管理等旅游发展各环节，都应充分考虑旅游社区居民的意见和需要，并将其当作旅游开发主体和参与主体。[③]

社区参与旅游发展的概念是建立在社区参与概念基础上的。政府"自上而下"的推行和社区"自下而上"的参与是现代化的双向互动进程。但是，在社会转型时期，我国经济的二元结构特征明显，城乡差别、地域差别依然存在。特别是在偏远的民族地区，受社会经济和文化教育等多种因素的制约，社区居民主动参与旅游的意识和能力不强。在以政府为主导的旅游开发战略下，社区参与旅游应该既包括社区积极主动的参与，也包含在旅游发展中把社区作为旅游的主体。

综上所述，课题组认为，社区参与旅游发展是指在旅游的决策、开发、规划、管理、监督等过程中，社区积极主动地参与其中，或是作为主体被充分考虑其意见和需要的过程。

三　社区参与旅游分配的理论依据

社区参与旅游分配的理论是在相关政治学、社会学和经济学理论的基础上构建起来的。就我们的理解而言，社区参与旅游分配的

---

① 武魏魏：《实施社区参与弘扬民族文化——论民族地区旅游发展中民族文化的保护与发展》，《旅游高等专科学校学报》2003 年第 4 期。

② 保继刚、孙九霞：《社区参与旅游发展的中西差异》，《地理学报》2006 年第 4 期。

③ 杜宗斌、苏勤、姜辽：《社区参与对旅游地居民社区归属感的中介效应——以浙江安吉为例》，《地理科学》2012 年第 3 期。

理论渊源主要包括以下方面。

1. 社会资本理论

社会资本理论是一个综合性的理论，学者们从政治学、社会学、人类学、经济学等视角都进行过相关阐述。根据本课题研究的对象着重于经济利益的分配，为此，仅从经济学的视角出发，就社会资本理论进行阐述。以世界银行的部分经济学家为代表（Knack，Woolcock，Dasgupta，Narayan，Grootaert 等），他们的基本观点是："社会资本能够形塑一个社会的社会互动关系的数量和质量的各种制度、关系和规范。社会凝聚力对社会经济发展十分关键。社会资本不仅仅是制度的总和，它是将它们黏合起来的黏合剂。"① 社会资本理论强调"信任、合作、互惠"的价值。

社会资本理论在社区参与旅游发展中的体现：可以减少旅游业的成本，减少交易费用，从而促进一个社会的经济发展；可以为社区居民带来物质的或非物质的财富，从而提高社区居民的社会经济地位；可以减少因旅游开发引发的各种冲突，增加妥协，增加社区对旅游开发的参与。

2. 合作博弈理论

"合作博弈（cooperative games）又被称为联盟（coalitional games）。在合作博弈中，合作是指'大家为了共同的目标而一起行动'。通俗地讲，在行为人集合中由若干个行为人组成一个团体，他们达成一个协议且彼此合作，以一个分配方案来分配合作作为团体带来的总收益。"②

博弈论是研究理性人之间如何在不同的选择原则和方法下进行策略选择，从而获得不同的结果。所谓理性人假设，是指人是理性

---

① 马得勇：《社会资本：对若干理论争议的批判分析》，《政治学研究》2008 年第 5 期，第 75~76 页。

② 李军林、李岩：《合作博弈理论及其发展》，《经济学动态》2004 年第 9 期，第 79 页。

的，在具体策略选择时，目的是使自己的利益最大化。与博弈论相比，"合作竞争博弈建立在个人偏好基础上，以竞争博弈为微观基础"。① 合作博弈是博弈双方的相互作用：一方面双方能否达成统一的约束力，合作取得最大化利润；另一方面在其约束力充分发挥作用下，共同地分享合作带来的剩余。② 如果是多方利益在一起的博弈，这是一种多赢的博弈结果。合作博弈是从团体理性出发，追求公平、公正和效率，获得共赢共存的经济效果，体现了合作的"相关利益"思想。合作博弈强调的是竞争与合作并重，其最终目标仍然是在区域旅游活动中获益。"对于旅游活动参与者，最大的机会和最丰厚的利润并非来自参与活动，而是来自旅游活动创新。合作竞争博弈战略的核心思想正是努力实现旅游活动创新，使旅游活动向有利于自己的方向发展。区域旅游活动是各要素组合而成的整体，任何要素的创新都能导致旅游活动的创新。因此，每一个要素既是区域旅游活动开展的关键，又是创新区域旅游活动的杠杆。"③

3. 社会交换理论

现代社会交换理论是在古典政治经济学、人类学和行为心理学基础上发展起来的社会学理论。它主张人类的一切行为都受到某种能够带来奖励和报酬的交换活动的支配。它认为，人类一切社会活动都可以归结为一种交换，人类的一切行为互动都是为了追求最大利益的满足。社会交换理论的核心可归纳为："一是，一切社会行为都能依照'报酬'这一标准解释，这种报酬可以是物品，也可以是服务，只要它是为了满足某个人的需要或目的。二是，任何人总是力图最大限度地获得报酬，最小限度地遭受损失。三是，应当视社会互动为一

---

① 孙利辉、徐寅峰、李纯青：《合作竞争博弈模型及其应用》，《系统工程学报》2002 年第 3 期，第 211~215 页。

② 张维迎：《博弈论与信息经济学》，上海人民出版社，2004，第 3 页。

③ 梁艺桦、杨新军：《区域旅游竞合博弈分析》，《地理与地理信息科学》2005 年第 3 期，第 96 页。

种相互报酬活动的交换，在此，交换一种有价值的东西（无论是物品还是服务）能获得的收益视它所能带来多少优惠回报而定。"[①]

社会交换理论认为人们在社会交往中的互动行为类似于经济交换中的行为，是一种计算得失的理性行为，人类的一切行为互动都是为了追求最大利益的满足。旅游活动亦是如此，旅游开发和经营者可以从旅游者那里获得直接的经济利益，同时借助旅游业的联动性，可以提供大量直接或间接的就业机会，吸引外地人参与到旅游开发中。外地人的涌入必将占据社区的就业比例，使当地的旅游收入出现漏损，即部分旅游收入通过工资或商业利润等方式流向外地，影响了旅游乘数效应的发挥。社区参与能减少外地人进入的机会，减少旅游漏损量，提高乘数效应，对当地经济发展起促进作用。同时大量的就业机会，使社区居民获得经济收益，社区参与旅游也是收入再分配的一种调节机制。一般来说，社区原有的经济水平越低，社区居民对旅游业的依赖性就越强，从而积极主动参与旅游活动。

第四节　对西藏寺院旅游和寺院旅游收入的界定

在对西藏寺院旅游发展中收入分配问题进行研究之前，首先要明确寺院旅游的概念以及寺院旅游收入包含的主要内容。目前，有关寺院旅游的概念，学术界还没有明确的界定。在已有的相关研究的成果中，仅从称谓上就有多种多样，例如宗教旅游、寺观旅游、寺庙旅游和宗教文化旅游。从收入统计看，在一般情况下应该把涉及旅游者为吃、住、行、游、购、娱六大旅游活动要素的支出，都纳入旅游收入统计中。但是，由于本研究中旅游者的消费支出并未

涉及六大要素，而是主要用于游览以及购物和餐饮中，而且在旅游活动中旅游者与信众混杂，导致在寺院的收入统计中，难以辨别哪些是游客支付的，哪些是信众支付的。为了解决上述问题，明析研究对象和研究的范围，根据已有的相关研究成果和实地考察调研的实际情况，对相关概念界定如下。

（一）寺院旅游的界定

所谓寺院旅游，简言之，就是以寺院为旅游吸引物的旅游。其中，寺院吸引物既包括寺院建筑、寺院各种宗教文化设施等物质部分，也包括寺院的宗教活动、宗教思想教义等非物质部分。从学科属性上看，寺院旅游属于"宗教文化旅游"的范畴，二者之间既有联系也有区别。

所谓宗教文化旅游，是指"宗教信仰者和非宗教信仰者，以宗教文化为对象，借助各种宗教文化设施、宗教文物或宗教活动等，从事的旅游活动"①。寺院旅游作为宗教文化旅游的一个分支，无论是宗教文化旅游还是寺院旅游，旅游主体都是宗教信仰者和非宗教信仰的游客；旅游的客体都是宗教文化。寺院旅游区别于宗教文化旅游表现在以下方面。第一，本研究的客体特指佛教寺院内的宗教文化，不包括清真寺中的伊斯兰教文化、教堂内的基督教文化和宫观内的道教文化等其他宗教文化。此外，在中国，由于佛教活动场所和道教活动场所经常相伴存在，甚至出现相互混杂的情况，所以有些时候人们会把佛教和道教的活动场所统称为寺观。本研究不包括此类宗教文化。第二，寺院旅游特指在佛教寺院中开展的旅游活动，不包括在佛教的石窟和藏传佛教的神山圣湖等其他宗教活动场所开展的旅游活动。

基于上述分析，本研究认为寺院旅游是：宗教信仰者和游客，

---

① 王亚欣：《当代藏传佛教文化旅游研究》，经济管理出版社，2012。

以寺院为对象，借助各种旅游服务设施和旅游服务，针对佛教文化开展的旅游活动。

（二）西藏寺院旅游的界定

为了实现国家社科基金西藏委托项目的研究宗旨，即通过"重点研究西藏历史与现状中的重要理论和现实问题，为西藏跨越式发展及长治久安提供理论和对策支持"，本课题研究以西藏旅游热为背景，针对西藏寺院旅游快速发展，一些寺院旅游收入快速增加，导致寺院之间、寺院与寺院旅游利益相关者之间的收入差距拉大的现实问题，通过对西藏寺院旅游的收入分配现状的调查和分析，弄清目前西藏寺院旅游收入分配状况，以及存在的不均衡问题，为构建西藏合理的寺院旅游分配机制提出对策和建议。

出于对国家社科基金西藏委托项目研究目的的理解和本课题研究的初衷，通过对研究对象的地域空间和类型进一步聚焦，最终将西藏寺院旅游界定为：第一，西藏寺院旅游特指在西藏自治区辖区内的佛教寺院开展的旅游活动，不包括除西藏自治区以外的其他藏区，如甘南、青海、川西和滇西的寺院旅游；第二，特指在藏传佛教寺院开展的旅游活动，不包括在西藏自治区内的汉地寺院和小乘佛教寺院开展的旅游。基于上述分析，西藏寺院旅游是指在西藏自治区内的藏传佛教寺院开展的旅游活动。

（三）西藏寺院收入的界定

"西藏寺院旅游收入分配机制研究"课题研究的重点是，通过对寺院的旅游收入和支出情况的调查，了解寺院旅游收入的分配情况和存在的主要问题。为此，需要对寺院的旅游收入情况有非常清楚的了解和把握。但是，由于各寺院的收入中并未对旅游收入进行单独的统计、核算，这就需要课题组对各寺院的收入数据进行甄别、筛选，最终获得寺院旅游收入的统计内容。

对寺院收入款项和数据的筛选，既要符合旅游收入统计的规范，又要符合西藏寺院旅游消费的客观实际。在对寺院旅游收入进行统计时遇到的主要问题有两个：第一，寺院收入统计中的哪些项可视为旅游所得；第二，在被视为旅游所得的项目中，有多少是从游客的消费支出中获得，有多少是从信众的消费支出中获得。针对上述问题，课题组经过实地考察调研发现，目前西藏寺院旅游以观光为主，旅游活动形式单一，旅游活动包括的吃、住、行、游、购、娱六大要素中，主要涉及吃、游、购三项；游客的消费支出主要包括门票、旅游纪念品购买、寺院茶馆和餐厅的消费、布施、导游服务和停车服务等项目。但是，在西藏的寺院收入统计中，除了门票收入、导游服务收入为游客消费且被单独统计外，其他各项均为信众和游客的混合消费收入。

经过课题组对被调研寺院的收入支出情况数据的分析，认为绝大多数寺院的旅游收入主要是门票收入、购物和餐饮收入、布施收入。其中，由于各寺院只对游客收门票，所以寺院的门票收入全部计为旅游收入；通过对哲蚌寺、仓姑寺、萨迦寺的茶馆和藏餐厅以及商店进行抽样调查发现，游客和信众的人均消费水平相差不多，且游客占消费人群中的1/3，所以把寺院上述三项收入中的1/3视为游客消费所得，计为旅游收入；对寺院的布施收入调查发现，信众基本上在每个佛像、功德箱中都放布施，但是多为一毛、两毛的零钱。游客虽然不如信众的布施频繁，但是投放的布施少则1元、5元，多则几十元，甚至上百元。基于上述情况，课题组认为寺院布施收入中的1/2为游客的布施所得，计为寺院的旅游收入。除上述旅游收入外，个别寺院还有一些专项的旅游经营和服务活动，如旅游运输业等。对这些能够确认为旅游经营、服务的收入，也一并计入寺院旅游收入中，即寺院旅游收入＝门票收入＋1/3商店和餐饮收入＋1/2布施收入＋其他。为了便于对寺院旅游收入的表达和认识、理解，用数学公式表示如下：

$$I_t = M_i + 1/3G_i + 1/2B_i + Q_i$$

式中：

I_t：表示寺院旅游收入；

M_i：表示门票收入；

G_i：表示购物和餐饮收入；

B_i：表示布施收入；

Q_i：表示其他旅游收入。

（四）对被调查寺院隐私的保护处理

由于本研究涉及被调查寺院的旅游收入和分配数据，出于对寺院隐私的保护，在以下研究内容中对寺院名称用英文字母加以替代。

第三章　西藏寺院旅游发展现状

从 20 世纪 80 年代初到现在, 伴随着西藏对外开放程度的不断扩大, 西藏旅游的整体发展步伐加快。特别是 2006 年, 青藏铁路二期工程建成通车, 西藏旅游进入快速发展时期, 旅游接待游客数量和门票收入显著增加。1981 年接待游客 8624 人次, 旅游总收入 258 万元; 2011 年接待游客 8697605 人次, 旅游总收入 970568 万元; 2011 年的游客接待量和旅游总收入分别为 1981 年的 1008. 5 倍和 3761. 89 倍 (详见图3 – 1)。作为西藏旅游一大特色, 寺院旅游进入了快速发展阶段。

第一节　寺院拥有丰富的旅游资源

寺院拥有丰富的旅游资源。"1983 年 4 月, 国务院批准确定了佛教寺院 142 座, 这些寺院大都坐落在风景名胜区, 或是国家重点和省级重点文物保护单位……截止到 1992 年全国恢复开放宗教活动场所 6 万多处, 其中藏传佛教寺院 3000 多座。"[1] "到 1998 年底, 西藏共计开放和维修寺院和其他宗教活动点 1700 多处, 住寺僧尼共 34000 多人。"[2]

---

① 梅进才:《中国当代藏族寺院经济发展战略研究》, 甘肃人民出版社, 2000, 第 112 页。
② 常雪梅:《符合时代潮流的西藏宗教工作》, 人民网西藏频道, http://xz.people.com.cn/GB/138902/139221/139269/8386799. html。

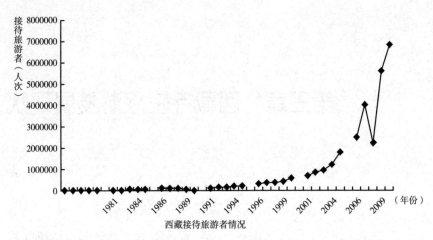

西藏接待旅游者情况

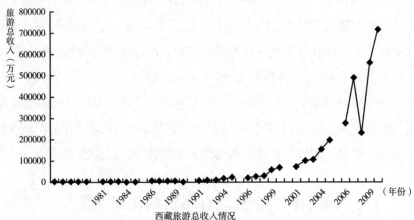

西藏旅游总收入情况

图 3 - 1　西藏旅游发展情况

一　寺院历史悠久，文物古迹众多

从公元 10 世纪后期至今，藏传佛教已经在青藏高原上发展传播了 1000 多年。西藏历史上第一个寺院——桑耶寺，自公元 779 年前后建成至今已有 1200 多年的历史。保留至今的西藏寺院大多是在 7～15 世纪修建的，后经扩建、修复，渐次形成。在漫长的历史发展过程中，西藏寺院不仅保存着辉煌的宗教建筑、浩瀚的宗教典籍、非凡的宗教艺术等物质文化旅游资源，同时还留存下来许多传统的宗教仪式、宗教活动等非物质文化旅游资源。这些内涵丰富、底蕴深厚、形象生动、独具特色的宗教旅游资源，为西藏寺院旅游的发展奠定了基础。目前，西藏被列入国家级文物保护单位的有59个，其中寺院29个，占49.15%；西藏自治区级文物保护单位152个，其中寺院69个，占45.39%（详见表3-1）。

表3-1　西藏文物保护单位中寺院的数量

类别	批次	保护单位数(个)	寺院数(个)	寺院占的比重(%)
国家级	1~7	59	29	49.15
自治区级	1~4	152	69	45.39

二　西藏寺院具有鲜明的地域特色和民族特色

藏传佛教是在印度佛教基础上，融合了青藏高原原始苯教、汉地佛教并吸纳众多藏民族文化元素而形成的宗教。藏传佛教根植于青藏高原，和藏民族有着千丝万缕的联系，形成难舍难分、你中有我、我中有你的关系。藏传佛教与青藏高原和藏民族之间的这种特殊关系，赋予了藏传佛教文化鲜明的地域特征、民族特色。

从旅游视角出发，藏传佛教文化无疑是藏区最神秘、壮美的画卷之一，是极具魅力的旅游吸引物。西藏因博大精深的宗教文化底蕴，神圣、神秘的宗教文化氛围，虔诚、单纯的宗教信仰方式等，吸引着众多国内外游客。

第二节　寺院旅游发展快，收益大

目前，除了少数位置偏远的、规模小的寺院没有从事寺院旅游活动外，西藏绝大多数寺院都对游人开放，并通过门票、导游服务、出售旅游纪念品、开办藏餐馆和茶馆等方式获得丰厚的寺院旅游收入。

一　寺院旅游发展快

随着西藏旅游的升温，作为旅游热点的寺院，在为国内外众多游客提供旅游服务的同时，也获得了丰厚的收益。旅游收入不仅成为寺院经济的重要组成部分，而且在西藏的局部地区的作用和影响越来越大。

门票是西藏寺院旅游的重要收入来源之一。随着旅游市场的不断扩大，西藏著名的寺院景点的门票价格也在不断向上调整。以DZ寺为例，2002～2012年的10年间，门票价格三次调整：从2002年的30元，到2007年的60元，再到2008年的70元（旺季70元，淡季35元），最后到2012年的85元。在短短的10年内，票价增长了1.83倍。据统计，2009年DZ寺的门票收入为917万元[1]，2011年为5331.89万元[2]，三年增长了4.81倍。

在被调查的寺院中，ZJ寺是唯一开展寺院旅游但不收门票的寺院。虽然不收取门票，但是通过生产特制的藏香、护身符和代销用于供奉的酒等增加寺院旅游收入。据ZJ寺寺管会主任介绍，青藏铁路通车前，寺院收入不多，现在每年仅藏香的收入就有20多万元，两个商店收入100多万元，再加上游人的布施，每年的旅游收入有200多万元。

二　寺院旅游收益大

调查发现，寺院旅游收入主要集中在门票、商店餐饮和布施三

---

[1] 黄德金：《现代西藏寺院经济中人力资源报酬制度特点及优化研究》，《社科纵横》2013年第1期，第77页。

[2] 2012年调研获得。

个方面。按照课题组对西藏寺院旅游收入指标的界定，即寺院旅游收入＝门票收入＋1/3商店和餐饮收入＋1/2布施收入＋其他。根据各寺院收入支出统计表中的数据，结合对各寺院寺管会调研获得的数据，2011年寺院旅游收入超过1000万元的有：DZ寺、ZS寺；超过100万元的有：ZB寺、GD寺、BJ寺、SJ寺、XZ寺（详见表3－2）。

表 3－2　2011 年被调查寺院旅游收入情况

寺院名称	寺院旅游收入（万元）				
	门票	导游、停车	商店、餐饮	经堂布施	总收入
DZ 寺	5331.89	1.5	—	134.41	5467.80
ZS 寺	1737.14	8.3	73.40	15.86	1834.7
ZB 寺	363.00	—	107.60	177.90	648.5
GD 寺	49.50	—	84	130.50	264
BJ 寺	113	—	45.2	7.53	165.73
SJ 寺	55		15	60	130
XZ 寺	66.29		31.35	7.74	105.38
XL 寺	26.00		6.34	33.83	66.17
CG 寺	8.94	—	66.19	1.24	76.37

说明：1. 寺院旅游收入＝门票收入＋1/3商店和餐饮收入＋1/2布施收入＋其他。

2. DZ寺的商店由僧人集资经营，收入按分红给僧人，未计入统计中。

3. BJ寺的数据根据访谈获得。

4. SJ寺的数据根据寺院年收入乘以访谈中获得的各项收入的百分比得出。

资料来源：2011年调研时从各寺院获得的收入支出情况。

第三节　寺院旅游发展不平衡

寺院旅游发展水平的高低、速度的快慢，与寺院对游客的吸引力和寺院可进入性有关。旅游者的旅游决策最大效益原则，包括以下两个方面的含义。其一，最小的旅游时间比。即在一个完整的旅游过程中，用于完成客源地与旅游目的地的时间与在旅游目的地游玩所消耗的时间的比值。为了追求旅游时间比，人们往往选择最快捷的交通方式；在未选定旅游地时，往往选择距离最近的旅游地。其二，最大的信息获得量或最高的满意度。为了追求最大的旅游信息量和最高的满意度，人们首选垄断性强、吸引力大的景点。受上述因素的制约，西藏寺院旅游发展存在明显差异。

一 宗教地位高的寺院旅游吸引力强

一般而言，宗教地位高、影响力大的寺院旅游吸引力强，宗教影响力小的寺院旅游吸引力差。目前，作为旅游热点的寺院均是有一定特殊宗教功能和宗教意义的寺院。

大昭寺备受藏传佛教各教派尊崇，供奉释迦牟尼 12 岁等身像，在藏传佛教中拥有至高无上的地位；甘丹寺、哲蚌寺、色拉寺、扎什伦布寺，为格鲁派六大寺院中的 4 座寺院，受到信众尊崇；萨迦派的萨迦寺、宁玛派中北传宁玛派的多吉扎寺、南传宁玛派的敏珠林寺、噶当派的热振寺、噶玛噶举派的噶玛拉顶寺、止贡噶举派的止贡替寺、达隆噶举派的达隆寺、主巴噶举派的热隆寺等，作为藏传佛教不同教派的祖寺，备受各教派信众的尊崇。

此外，还有一些具有特殊历史和宗教神圣意义的寺院，如西藏第一个佛、法、僧俱全的桑耶寺；供奉有释迦牟尼 8 岁等身像的小昭寺；文成公主曾经驻足过的昌珠寺；坐落在珠峰脚下的绒布寺等，这些寺院也具有较大的旅游吸引力。

二 区位条件好的寺院旅游发展快

西藏地域辽阔，地理环境差异大，从空间格局上存在平原与山区的差异、城市与乡村和牧区的差异、交通沿线与交通闭塞地区的差异。这就导致城镇寺院与农牧寺院和山林寺院的差异。

城镇寺院因所在地区经济发达，交通便利，旅游接待设施完善等，更便于开展旅游活动。与此同时，城镇环境便于信众的朝拜和宗教活动的开展，因此，城镇寺院的规模比较大，宗教影响力比较强，对游客的吸引力就更强。例如，拉萨市内的大昭寺、小昭寺；拉萨周边的哲蚌寺、甘丹寺、色拉寺；日喀则的扎什伦布寺等。由于能吸引更多的游客从事寺院旅游活动，所以上述寺院的旅游发展快，旅游收入也比较高。相比之下，分布在边远的山区或牧区的小寺院，不仅宗教影响力小，而且由于经济发展水平低，交通不便，旅游服务设施不完善等限制寺院旅游的发展，没有或很少有寺院旅游收入。

三 僧寺发展快，尼寺发展慢

"一般藏传佛教尼姑的宗教地位比较低下，其经济地位也不优越"[1]，导致尼寺的宗教影响力一般都比较小。加之，尼寺大多地处远离城镇、交通不便、人烟稀少的偏远地区，所以，来尼寺的游客比较少，旅游收入非常低，甚至没有旅游收入。

位于拉萨市北郊色拉乌孜山谷之中的曲桑寺，是西藏最大的尼姑寺。2012 年调研时，该寺寺管会主任介绍说，目前还没有开展寺院旅游。位于大昭寺南面、八廓街内的仓姑寺，尽管有良好的地理位置和便利的交通条件，但是旅游收入并不多，特别是与香火旺盛、游客云集的大昭寺相比，仓姑寺显得十分幽静。据该寺寺管会主任说："仓姑寺的宗教地位非常高，它是在藏王松赞干布修行的地洞的基础上，由宗喀巴大师的弟子古觉多丹修建而成的。但是由

---

① 德吉卓玛：《藏传佛教出家女性的历史、现状与未来》，中国宗教学术网，http：//
iwr. cass. cn/zjymz/201210/t20121022_ 11787. htm.

于是女寺所以游人很少，只有当地信教群众经常来这里烧香拜佛或请尼姑们念经。"[①] 2011 年仓姑寺的门票收入不到 9 万元，占寺院总收入不到 5%。

第四节　以观光游为主，旅游产品单一

与高品质、特色鲜明的寺院旅游资源形成对比，西藏寺院旅游开发十分粗放，缺乏对旅游产品的开发和设计，以观光游为主。旅游活动类型单一，游客只能在走马观花中获得对西藏寺院文化浅层次的认识和理解，难以满足其对寺院宗教文化的深度体验。

一　以寺院观光游为主

"观光旅游是一种最为常见的旅游产品，是人类为了满足其好奇心而产生的初级旅游产品。正是因为其初级性，越发体现出普遍性，是最为普及的旅游产品"[②]。

西藏的寺院众多，寺院的宗教地位、宗教影响力、寺院规模、内部结构、建筑和装饰风格各不相同。但是，目前西藏寺院旅游提供给游客的只有观光游产品，即按照一定的旅游路径，采取快节奏的游览方式。通过参与式观察发现，在寺院观光游中，游客除了走马观花地看看寺院建筑以及各殿堂的大致轮廓和内部供奉的佛像以及相关陈设外，主要是拍照留念，也有一些游客在佛像前磕头、烧香、布施等。

从寺院观光游的特点看，一方面，这种旅游产品很难使游客获得较为丰富的宗教文化知识和宗教体验；另一方面，为了弥补此类

[①] 2011 年在仓姑寺调研获得。
[②] 吴必虎：《区域旅游规划原理》，中国旅游出版社，2001，第 237 页。

旅游产品的不足，增加游客对寺院旅游的满意度，提高导游的讲解服务质量尤为重要。这就要求从事寺院旅游导游服务的导游，不仅要有较为丰富的宗教文化知识，具有一定的宗教艺术鉴赏能力，还要对西藏的民族风情有比较全面的认识和理解。但是，就调研的情况看，西藏寺院旅游的导游服务水平还比较低，难以满足游客对导游服务的要求。在这种情况下，寺院观光游带给游客的只是我来过、我看过、我走过这个寺院，而非真正地认识、了解和体验过这个寺院宗教文化。

二　寺院旅游产品单一

寺院旅游是一种文化旅游，强调旅游过程的文化参与和体验。单一的观光形式，很难满足旅游者对藏传佛教文化深层次的需求。为了解游客对藏传佛教文化旅游产品的需求，笔者设计了"除了观光外，您对下面的旅游活动感兴趣吗"的问题，并给出了：宗教体验游（体验喇嘛生活等），藏医疗、保健、健身游，宗教艺术游（唐卡、壁画、酥油花等的制作）和宗教节庆游四个答案。游客对答案的选择情况是：宗教体验游占30%，宗教艺术游占29.4%，藏医疗、保健、健身游占27.9%，宗教节庆游占12.7%（见图3－2）。

调查发现，绝大多数游客的目的是获得对宗教知识的认知、对宗教艺术的审美、对宗教活动的体验、对宗教思想的感悟。为此，寺院旅游活动应该突出知识性、观赏性、审美性、启发性，使游客在轻松、自由的心境下实现宗教文化认知、理解和感悟。特别是，随着人们的物质生活的提高，对精神生活的追求日益迫切。为此，借助寺院旅游活动这一方便之门，挖掘西藏寺院中的宗教文化精髓，开发具有积极社会功能的旅游体验活动，使游客在宗教文化氛围中，调整身体、释放压力、放松精神、提升境界，这不仅是社会

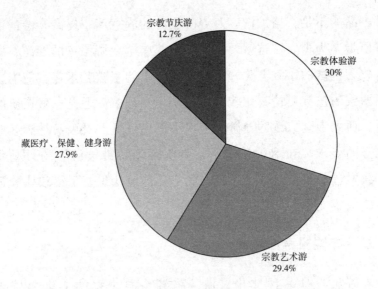

图 3 − 2　旅游者希望开发的旅游产品情况

对藏传佛教提出的新要求，也是藏传佛教的使命和责任。由此看出，开发专题性的、参与性和体验性强的西藏寺院旅游产品，是旅游市场提出要求，也是西藏寺院旅游资源开发面对并亟须解决的问题。

第五节　寺院旅游收入结构差异大

调查发现西藏寺院旅游收入中，涉及游客消费的部分主要包括：门票、经堂的布施、商品出售、餐馆和茶馆、停车、导游等几项，具体情况如下。DZ 寺的旅游收入包括：门票、经堂布施、导游管理[①]；XZ 寺的旅游收入包括：门票、经堂布施；ZB 寺的旅游收入包括：门票、经堂布施、茶馆、商店、停车收费；GD 寺的旅

---

① DZ 寺有旅游商店，但是据寺管会副主任介绍，该商店是僧人集资兴办的，获利后僧人分红，未计入寺院收入中。

游收入包括：门票、茶馆、商店、经堂布施、停车费、W 旅游公司；SL 寺的旅游收入包括：门票、经堂布施、茶馆、商店、停车收费；CG 寺的旅游收入包括：门票、商店、茶馆、经堂布施；ZJ 寺的旅游收入主要是商店和经堂布施；ZS 寺的旅游收入包括：门票（寺院门票和博物馆门票）、商店和经堂布施、游客拍摄大殿的照相费、停车收费等；XL 寺的旅游收入包括：门票、商店和经堂布施收入等。西藏寺院旅游经营活动内容不同，导致寺院旅游收入结构的差异。具体又可分为以下几种情况。

一 以门票收入为主的寺院

被调查的寺院中，除 ZJ 寺不收门票外，其他寺院都需要门票。其中，DZ 寺、ZS 寺的门票收入占旅游总收入的比重非常高，具体是 DZ 寺占 97.51%，ZS 寺占 94.78%（详见表 3 – 3）。

表 3 – 3　被调查寺院的门票收入比例

寺院名称	寺院旅游收入（万元）		
	门票	总收入	门票占旅游总收入（%）
DZ 寺	5331.89	5467.80	97.51
ZS 寺	1737.14	1834.30	94.78
ZB 寺	363.00	648.5	55.98
GD 寺	49.50	264	18.75
BJ 寺	113	165.73	68.18
SJ 寺	55	130	42.31
XZ 寺	66.29	105.38	62.91
XL 寺	26.00	66.17	39.29
CG 寺	8.94	76.37	11.71

资料来源：2012 年调研时从各寺院获得的收入支出情况。

从上述数据中可以看出，DZ 寺和 ZS 寺的门票收入已经成为该寺院旅游收入的最重要部分。

需要说明的是，由于寺院提供的年度收入支出表中，某些生产经营活动未纳入寺院收入支出的统计中，所以计算结果略有误差。例如，DZ 寺的旅游纪念品销售采取寺院僧人集资经营方式，所得收入以分红的形式发放给了集资僧人，所以未进行统计。刚坚发展总公司隶属于 ZS 寺管理委员会，是一个集贸易、旅游、餐饮、民族手工业等为一体的综合性经济实体。但是，刚坚发展总公司的收支并未体现在 ZS 寺的收入支出中。在 2011 年，ZS 寺的收入中刚坚发展总公司捐款 100 万元。

二 旅游收入相对均衡的寺院

在门票、商店餐饮、经堂布施收入三项寺院旅游收入主要来源中，下列各寺院的收入结构虽有差别，但是相对均衡，各占一定的比例。

ZB 寺的门票收入较高，商店餐饮收入、经堂布施收入也占相当比重。其中，门票收入占 55.98%；经堂布施收入占 27.43%；商店和餐饮收入占 16.59%。GD 寺、SJ 寺和 XL 寺的经堂布施收入较高，其他收入也占有相当比重。GD 寺的经堂布施收入占 49.43%，商店餐饮收入占 31.82%，门票收入占 18.75%。SJ 寺的经堂布施收入占 46.15%，门票收入占 42.31%，商店餐饮收入占 11.54%。XL 寺的经堂布施收入占 51.23%，门票收入占 39.29%，商店餐饮收入占 9.58%。

作为格鲁派六大寺院之一的 ZB 寺，是格鲁派规模最大的寺院，宗教影响力大，位于拉萨近郊，交通方便，团队和自助游游客和信众都比较多，门票收入高，布施收入占相当比例。除此之外，寺院还经营一个藏餐馆、两个旅游纪念品店，收入占一定比重。

GD 寺由藏传佛教格鲁派的创始人宗喀巴于 1409 年亲自筹建，被视为格鲁教派的祖寺，格鲁派六大寺院之一，具有极高的宗教地位。但是，由于距离拉萨 60 多公里，沿途多为盘山道，道路崎岖，交通不便，途中耗时比较长，所以旅行社一般不安排旅游团队到 GD 寺游览。寺院旅游收入中，门票收入的比重比较低，布施和购物的比重比较高。

SJ 寺是藏传佛教萨迦派的祖寺。萨迦五祖之一的八思巴因深得元朝统治者信任，而在萨迦建立地方政权，掌管全藏，寺中还因藏有《贝叶经》《布德甲龙马》《大藏经》，还有元代坛城壁画、古瓷器等被称为"第二敦煌"。尽管萨迦寺的宗教地位、历史地位、宗教艺术价值都很高，但是由于距离日喀则 180 公里，大约需要 5 个小时的车程，限制了旅游团队的数量，以散客和信众为主。作为夏鲁派的祖寺，以及藏汉结合的建筑风格和诸多保存完好的文物壁画，XL 寺对游客有较强的吸引力，但是由于从日喀则直达 XL 寺的公交车比较少，限制了游客的数量。由此可以看出，SJ 和 XL 寺拥有较高的宗教影响力，但是由于距离旅游集散地比较远，交通不便，旅游团队少，以信众和有较强宗教文化需求的散客为主。门票收入和布施的比重都比较高（见表 3 – 4）。

表 3 – 4　旅游收入较均衡的寺院收入结构

寺院名称	门票		商店、餐饮		经堂布施		旅游总收入（万元）
	收入（万元）	比重（%）	收入（万元）	比重（%）	收入（万元）	比重（%）	
ZB 寺	363.00	55.98	107.60	16.59	177.90	27.43	648.50
GD 寺	49.50	18.75	84.00	31.82	130.50	49.43	264.00
SJ 寺	55.00	42.31	15.00	11.54	60.00	46.15	130.00
XL 寺	26.00	39.29	6.34	9.58	33.83	51.13	66.17

三　以门票和商店餐饮收入为主的寺院

在门票、商店餐饮、经堂布施三项寺院旅游主要收入来源中，BJ 寺、XZ 寺的收入集中在门票、商店和餐饮收入中。其中，BJ 寺的门票收入占 68.18%，商店和餐饮收入占 27.27%；XZ 寺的门票收入占 62.91%，商店和餐饮收入占 29.75%（见表 3 – 5）。

表 3 – 5　以门票、商店和餐饮收入为主的寺院收入结构

寺院名称	门票		商店、餐饮		经堂布施		总收入（万元）
	收入（万元）	比重（%）	收入（万元）	比重（%）	收入（万元）	比重（%）	
BJ 寺	113	68.18	45.2	27.27	7.53	4.54	165.73
XZ 寺	66.29	62.91	31.35	29.75	7.74	7.34	105.38

XZ 寺的知名度高，但游客不是很多。XZ 寺是国家级文物保护单位，供奉有释迦牟尼 8 岁等身像，被视为国家之宝，具有较高的旅游吸引力。但是，由于 XZ 寺和 DZ 寺同在拉萨，两寺相距很近，加之 XZ 寺的宗教影响力和寺院建筑规模都比不上 DZ 寺，所以尽管 XZ 寺的门票仅为 20 元，但也未能像 DZ 寺那样，吸引众多游客，形成以门票为主的旅游收入结构。XZ 寺寺管会的副书记介绍说：一般游客都会在门外照相，而不会进到寺院里面。XZ 寺的旅游纪念品销售由僧人经营，虽然收入不是很高，但是在寺院的旅游收入中占相当大的比重。

BJ 寺特色鲜明，吸引力强，但是团队游客少。BJ 寺因兼容萨迦派、噶当派、格鲁派 3 个教派，被誉为"和平寺院"；塔中有寺、寺中有塔，寺塔浑然天成，相得益彰，寺院建筑格局享有盛誉。调查中发现，该寺院未与相关旅行社主动联系与合作，导致由旅行社组织安排的旅游团队很少，寺院以接待外国游客和国内的散客为

主，门票收入低。据 BJ 寺寺管会副主任介绍，寺院如果与旅行社合作，就要给旅行社一定回扣，他们不愿意这样做。所以，旅行社一般不向游客推荐 BJ 寺这个景点，而带游客到距此不远的宗山抗英遗址、帕拉庄园等景点游览。

四 以商店餐饮收入为主的寺院

调查发现，西藏的寺院旅游景点都提供纪念品销售服务，有条件的寺院还开办了藏餐馆和甜茶馆。被调查的寺院中，只有 CG 寺的寺院旅游收入以商店和餐饮为主。CG 寺的商店和餐饮收入占总收入的 86.67%，门票和经堂布施收入合计只占 13.33%（详见表 3-6）。

表 3-6 CG 寺旅游收入结构

寺院名称	寺院旅游收入（万元）				
	门票	导游、停车	商店、餐饮	经堂布施	总收入
CG 寺	8.94	—	66.19	1.24	76.37

CG 寺寺院旅游收入以商店和餐饮为主的原因，主要有两个方面：一方面，游客少，门票收入比重偏低。调查发现，CG 寺的游客相对比邻的 DZ 寺来说，可谓门可罗雀。在为数不多的游客中，以国际游客为主，国内游客占的比例不高。尽管 CG 寺的门票仅为 35 元，与 DZ 寺的门票相差一倍多，但是很多内地游客不愿意买票。与门票收入相比，CG 寺餐馆收入比重较高。CG 寺奶茶馆全部由尼姑经营管理，服务质量好，食物品种比较多，价格也比较便宜，味道纯正，不仅在当地小有名气，在游客中也有一定的知名度。课题组在 DZ 寺周边调研时，几次去 CG 寺的奶茶店喝甜茶、吃藏包。当地的藏族和来旅游的散客，都说这里的甜茶是全拉萨最好喝的。

第六节 西藏寺院旅游类型多样

通过对西藏寺院旅游的考察、调研，我们发现，尽管目前西藏有 1700 多座对外开放寺院，但是在寺院旅游开展的程度、旅游收入等方面存在巨大差异。为了更清楚地认识西藏寺院旅游发展的这种差异性，我们在已有的西藏寺院分类基础上，将西藏寺院旅游进行类型的划分。

一　西藏寺院类型的划分

就课题组掌握的相关文献资料，西藏寺院按照寺院的建筑形式、寺院形成的时期、不同的教派、寺院所在行政区划分为四种类型，具体情况如下。

（一）按照寺院的建筑形式划分

"西藏寺庙从整体设计、建筑工艺与技能、艺术风格、坐落地形布局等方面进行分析，大致可分为城堡宫殿式建筑（布达拉宫、雍布拉康、萨迦寺等）、依山式建筑（哲蚌寺、扎什伦布寺等）、平川式建筑（大昭寺、小昭寺等）、园林式建筑（罗布林卡）、塔寺合一建筑（白居寺）、沟丘浅式建筑（东噶寺）和帐篷式建筑（柏尔贡巴寺）等七大类"①。

（二）按照寺院形成的时期划分

在西藏的佛教史上，一般以朗达玛（836～841）灭佛法为界，之前称为前弘期，之后称为后弘期。按照这种时间划分，西藏寺院可分为前弘期佛教寺庙和后弘期佛教寺庙。② 前弘期代表性的寺庙

---

①　杨辉麟：《西藏佛教寺庙》，四川人民出版社，2003，第 4 页。
②　林丽宽、杨天厚：《西藏地区的寺院与佛塔》，台湾全佛文化事业有限公司，2000 年 1月 1 日。

有桑耶寺、大昭寺、小昭寺、布达拉宫、昌珠寺等。后弘期代表性的寺庙有夏鲁寺、萨迦寺、纳塘寺、白居寺等。

（三）按照教派划分

西藏寺院分为格鲁派寺庙、宁玛派寺庙、噶当派寺庙、萨迦派寺庙、噶举派寺庙。"从各教派的寺院情况看，格鲁派教兴起最晚，但影响最大，目前的信众最多，是寺院最多的教派。哲蚌寺、甘丹寺、色拉寺、扎什伦布寺、塔尔寺、拉卜楞寺，被誉为格鲁派六大寺院……除了格鲁派的寺院外其他派别的寺院有：宁玛派的南传宁玛派祖寺、毓珠林寺、北传宁玛派道场多杰扎寺等；噶当派的祖寺热振寺、怯喀寺、桑浦寺、聂塘寺、纳唐寺等；萨迦派的萨迦寺、桑耶寺等；噶举派的蔡巴寺、楚浦寺、止贡提寺、羊八井寺、丹萨提寺、达拉岗布寺、超普寺、嘎玛寺、类乌齐寺等"。①

（四）按照寺院所在行政区划分

按照寺院所在的地市和县市划分，分为拉萨市的寺庙（大昭寺、哲蚌寺、甘丹寺、色拉寺、小昭寺等）、日喀则市的寺庙（扎什伦布寺、白居寺、萨迦寺）、山南地区的寺庙（昌珠寺等）、林芝市的寺庙（喇嘛岭寺等）、昌都市的寺庙（强巴林寺等）、那曲地区的寺庙（赞丹寺）、阿里地区的寺庙（托林寺等）。

二　西藏寺院旅游的类型划分

为了便于对西藏寺院旅游全面、系统地认识和把握，加深人们对西藏寺院旅游发展水平的差异性的认识；为了更加科学地管理寺院旅游，合理分配寺院旅游收入，课题组通过对拉萨和日喀则寺院

---

① 王亚欣：《当代藏传佛教文化旅游研究》，经济管理出版社，2012，第103～104页。

旅游情况的调查，按照寺院旅游收入占寺院总收入的比重，把西藏寺院旅游分成：旅游支撑型，旅游收入占寺院总收入的90％以上；旅游主导型，旅游收入占寺院总收入的40％以上；旅游支持型，旅游收入占寺院总收入的10％以上；旅游潜在型，旅游收入占寺院总收入的10％以下（详细情况见表3－7）。

表3－7　西藏寺院旅游类型划分

寺院旅游类型	代表寺院	旅游收入占总收入的比重(%)
旅游支撑型	DZ 寺	93.78
旅游主导型	ZS 寺	46.96
	XL 寺	42.96
旅游支持型	ZB 寺	27.07
	GD 寺	25.77
	SJ 寺	21.24
	XZ 寺	12.35
旅游潜在型	QS 寺	0

说明：1. 寺院旅游类型是根据寺院旅游收入占寺院总收入的比重划分的。
2. SJ 寺的旅游收入，是用寺院总收入乘以访谈中获得的比例计算得出。
资料来源：2012、2013 年调研获得。

（一）旅游支撑型

寺院旅游收入占寺院总收入的90％以上，寺院旅游收入成为寺院收入的主要来源。这类寺院在西藏占比重极少，被调查的寺院中只有 DZ 寺属于这种类型。2011 年，DZ 寺的旅游收入占寺院总收入的93.78％；门票收入占旅游收入的97.51％。由此可以看出，DZ 寺的寺院经济主要是寺院旅游，特别是对旅游门票收入高度依赖。

DZ 寺旅游经济现状是多方面因素作用的结果：第一，DZ 寺具

有极高的宗教地位和历史文化价值，具有不可替代性；第二，DZ
寺拥有独特性、垄断性、奇缺性的宗教文化旅游资源，不可复制；
第三，DZ 寺的宗教文化景观在西藏具有很强的代表性；第四，DZ
寺位于西藏首府拉萨的市中心，交通便捷，可进入性强，是西藏最
重要的旅游集散地。上述原因，导致 DZ 寺成为来西藏旅游的游客
必到景点之一，寺院旅游收入非常可观。

（二）旅游主导型

寺院旅游收入占寺院总收入的40%以上，寺院旅游作为该类寺
院的主要收入来源，发挥主导作用。在被调研的寺院中，ZS 寺、
XL 寺属于此类型，其旅游收入占寺院总收入的比重分别是：ZS 寺
为 46.96%，XL 寺为 42.96%。

该类寺院享有较高的宗教地位和鲜明的宗教文化特色；一般为
某个教派的祖寺，或是在西藏宗教史中发挥特殊重要的作用；分布
在区域中心城市及郊区或县域中心，区域性的旅游集散地，交通便
利。除旅游收入外，该类型寺院还有宗教服务收入、单位和个人捐
款等公益性收入等。

以 ZS 寺为例。ZS 寺作为历代班禅大师的驻锡地，在藏传佛教
中具有很高的宗教地位和特殊的历史文化价值；ZS 寺位于日喀则
市，是日喀则的旅游集散地，交通便利。为此，来西藏旅游的团队
都会安排 ZS 寺这个寺院景点。此外，绝大多数的散客也会选择 ZS
寺。除了旅游收入外，寺院还有其他经营性收入和捐赠收入。如 ZS
寺的刚坚公司、唐卡制作等。

（三）旅游支持型

寺院旅游收入占寺院总收入的10%以上。寺院旅游作为寺院收
入的来源之一，占有一定的比重，一般在20%左右。被调查寺院中
ZB 寺、GD 寺、SJ 寺和 XZ 寺均属于此种类型。上述寺院的旅游收
入占寺院总收入的比重分别是：ZB 寺为 27.07%，GD 寺为

25.77%，SJ寺为21.24%，XZ寺为12.35%。

虽然旅游收入是该类寺院一项经济来源，但是并不是主要来源。寺院的收入是以其他生产经营性收入以及组织和个人的布施收入为主。这类寺院享有较高的宗教地位，拥有特殊历史文化价值。而且大多分布在城市和县城的边缘地带，交通较为便利，游客多。除了开展旅游接待服务外，其他寺院经济比较活跃，生产经营活动内容比较丰富。除旅游门票外，还经营商店、茶馆，房屋和摊位出租，运输活动，藏香、藏药生产，唐卡制作等。

以SJ寺为例。特殊的宗教和历史地位决定各寺院对游客具有较强的吸引力。首先，SJ寺作为萨迦派的祖寺，具有很高的宗教地位。其次，由于八思巴把西藏纳入祖国版图，并协助中央政府管理西藏的特殊历史作用和意义，SJ寺具有很高的历史地位，对游客具有很强的吸引力。但是，由于该寺距离日喀则比较远，旅游团队比较少，主要是一些国内外的散客和信众。在寺院旅游收入中，除了门票收入外，寺院经营的唐卡、藏香、宝瓶、小纪念品等销售收入也占一定比重。此外，SJ寺还开办印经院、造像院、宝瓶制作室、护身符制作室、佛像装藏室等，开展文物复制、唐卡复制，建立运输队、运输服务等经营活动，获得一定的经济收入。

（四）旅游潜在型

寺院旅游收入占寺院总收入的10%以下。这类寺院主要是分布比较偏远的小寺院，它们当中一些寺院虽然开展寺院旅游，但是收入很低，还有大部分寺院未开展寺院旅游，因此没有寺院旅游收入。被调查的寺院中，QS寺属于此类型寺院。

上述寺院大约占西藏寺院总数的80%以上。由于位置偏远，主要分布在西藏广大的农牧区和山区，寺院规模小，宗教影响力不高，游客很少光顾，没有或基本没有旅游收入。寺院收入主要源于为周围信众做法事、僧人外出化缘等。尽管寺院的收入微薄，僧人的日常生活十分节俭，有些还需要家庭的供养。调研时发现，在距江孜县城比较远的一个小寺院，总共有 16 位僧人，因为没有游客，也就没有旅游收入。寺院的生活来源主要依靠为老百姓做佛事活动获得的，由于当地经济比较贫困，寺院一年的收入不到 1 万元。每年政府对寺院都有一定的补贴，但是补贴资金专款专用，主要用于寺庙维修、僧舍维修、安装闭路电视等，不能补贴僧人的生活。

旅游潜在型的寺院数量多、规模小、宗教影响力小，且分散在西藏的广大农牧区，位置偏远、交通不便，发展寺院旅游面临诸多困难。但是，这些无名小寺院的僧尼与著名的大寺院的僧尼一样，发挥着满足信教群众宗教需求，抚慰信众心灵的作用，具有重要的社会意义。这些小寺院的僧尼理应享受与大寺院同样的生活、学习和工作环境，享受同样方便和完善的服务设施。为此，如何发挥小寺院的自身优势，开展有特色的宗教旅游服务；如何让旅游收入高的大寺院支持和带动小寺院发展，提高收入，改善生活，是一个值得思考的问题。

第四章 西藏寺院旅游利益
分配的主要问题

随着西藏寺院旅游的发展，寺院旅游在满足旅游者的宗教文化消费需求的同时，对增加寺院收入，带动地区经济发展起到一定的积极作用。但是，随着旅游收入的增加，特别是作为旅游热点的寺院，在旅游旺季日进斗金的收入，引发人们对寺院旅游利益分配问题的思考和关注：西藏寺院是如何进行旅游利益分配的，分配得是否合理，分配中是否存在一些问题等。

带着上述疑问，课题组通过对拉萨、日喀则两个市及周边代表性寺院的考察调研，在对大昭寺周边社区居民、旅游商品经营者、游客以及相关旅行社进行调研的基础上，对西藏寺院旅游利益分配问题进行了比较全面、客观的认识和把握，深刻剖析西藏寺院旅游利益分配中的主要问题。

第一节 寺院利益分配的特点

通过调查发现，西藏的寺院旅游收入分配都被纳入寺院财务管理的系统中。根据《宗教活动场所财务监督管理办法》和《藏传佛教寺庙管理办法》，被调查寺院都建立了相对规范的财务管理和监督机制，并表现出如下特点。

一 寺院支出兼有世俗性与宗教性的特征

与一般的生产经营单位不同，作为宗教组织的寺院在利益分配中表现出明显的世俗性与神圣性特征。从各寺院提供给课题组的寺院收入支出表可以看出，寺院的支出可以归纳为宗教性支出和世俗性支出。宗教性支出，主要用于宗教活动和僧人的生活补贴；世俗性支出，用于寺院经营的成本、设施修缮维护和寺院管理者的工资等。

DZ 寺的支出包括：经常性支出、工资、修缮费、扶贫捐助、其他支出、厨房等。其中宗教性支出包括：工资中的僧人工资，维修支出中的金顶维修、千佛院内做度母，慰问支出中的僧人和家庭慰问、去内地参观学习、帮扶和扶贫慰问等，共计 1382.34 万元，占总支出（经常性支出没有细化指标，未计入）的 72.27%；世俗性支出包括：经常性支出、工资中的勤杂人员工资和厨房内保值班补助、修缮支出中的小型维修材料和临时工工资、慰问支出中的各业务单位慰问、其他支出、厨房支出等，共计 1616.85 万元，占总支出的 27.73%。

XZ 寺的支出包括：寺院布施、伙食支出、公务员工资、金瓶、金粉、办公、接待、水电、房屋修缮、慰问、汽车耗费、电话费、过节费、文物保护费等。其中寺院布施、金瓶、金粉、慰问、过节费为宗教性支出，共计 548.51 万元，占总支出的 86.62%；其他项为世俗性支出，共计 84.75 万元，占总支出的 13.38%。

ZB 寺的支出中包括：佛事支出、行政和经营支出两大项。佛事支出可以视为宗教支出，包括发布施、学经班补助、维修支出、月法会支出、卡瑟（译音）支出等，共计 1435.4 万元，占总支出的 72.52%。行政支出可视为世俗支出，包括：生产经营原材料成本、建筑建设与维修、工人工资等，共计 544 万元，占总支出的 27.48%。

GD 寺的支出包括：W 旅游公司、茶馆、商店、布施。布施支出可视为宗教性支出，共计 318 万元，占总支出的 66.39%；其他支出视为世俗性支出，共计 161 万元，占总支出的 33.61%。

CG 寺的支出包括：佛事活动、诊所、商店、茶馆、寺庙公务人员工资、僧人福利、寺院水电费支出、寺院办公费支出、接待支出、电话费、汽车（油料、维修等）、经堂。将上述支出分类，其中宗教性支出包括：佛事活动、僧人福利、经堂支出，共计 89.94 万元，占总支出的 38.17%；世俗支出包括除去宗教性支出以外的支出，145.69 万元，占总支出的 61.83%。

ZS 寺的支出包括：僧人工资、佛事活动、生产经营原材料、文物保护、佛教用品制作、僧人的医疗和培训、生活费用、勤杂人员工资等。其中，僧人工资、佛事活动、佛教用品制作、僧人的医疗和培训等费用为宗教性支出，共计 1323.98 万元，占寺院总支出的 48.60%；生产经营支出、工人和勤杂人员的工资、建筑和文物修缮、生活支出等为世俗性支出，共计 1400.46 万元，占总支出的 51.40%。

XL 寺的支出包括：僧人工资、佛事活动、建筑维修、生产经营的原材料、公益支出和工人工资支出等。其中，僧人工资和佛事活动为宗教性支出，89.90 万元，占总支出的 63.32%；其他支出为世俗性支出，52.08 万元，占总支出的 36.68%。

表 4 - 1　被调查寺院的宗教性和世俗性支出结构

寺院名称	宗教性支出（%）	世俗性支出（%）
DZ 寺	72.27	27.73
XZ 寺	86.62	13.38
ZB 寺	72.52	27.48
GD 寺	66.39	33.61
CG 寺	38.17	61.83
ZS 寺	48.60	51.40
XL 寺	63.32	36.68
BJ 寺	60.00	40.00

寺院支出的结果表明：一方面，寺院作为宗教组织和特殊的经营单位，收入的支出兼有宗教性和世俗性；另一方面，寺院收入支出的宗教性特征更突出。绝大多数被调查寺院的宗教性支出占总支出的一半以上，有的甚至高达80%以上，详见表4-1。需要说明的是，一些寺院提供的收入支出数据比较笼统，缺乏细化指标，导致分析结果存在一定的误差。

二 寺院的分配模式多样化

社会主义公有制实行按劳分配，即以劳动为尺度分配个人消费品（在商品经济中表现为货币收入），多劳多得，少劳少得。僧团组织与一般的生产经营性组织不同，僧团是按照佛教"六和"精神，按照"利和同均"的规约进行平等分配。此外，由于僧团内部讲究长幼次第，优待年高劭者，所以在平等分配的基础上，又有一定的差别。

通过调查发现，被调查寺院根据各自的特点，采取不同的利益分配方法。归纳起来有四种模式：资历模式、工分制模式、日工资模式和资历与效益相结合模式。

（一）资历模式

资历模式是按照进寺时间长短，将僧人的收入分为不同的档次。被调查寺院中，DZ寺、ZS寺和XL寺属于该种模式。

据DZ寺寺管会副主任介绍：目前，DZ寺共有102位僧人，除4名80岁以上的僧人外，其他僧人都参与寺院旅游的服务和管理。僧人的旅游接待工作从早上8点到下午关门为止。DZ寺僧人的收入按照入院的时间长短，分成4个档次。"一是，解放前进寺的部分，即4位80岁以上的元老；二是，改革开放宗教政策落实后第一批进寺的（1980）；三是，改革开放宗教政策落实后第二批进寺的（1985）；四是，改革开放宗教政策落实后第三批进寺的

（1988）。然后 90 年代也进了一些人，归类在四部分里。"① 将四类僧人分为不同的等级分配生活补贴。"大概在 500 元到 1000 元之间，年长的多一点。"②

XL 寺与大昭寺相同，也是按照僧人进寺的时间分为不同的收入档次，具体为：1979 年入寺的 700 元/月；1981、1982 年入寺的 600 元/月；1984、1985 年入寺的 500 元/月；2008、2009 年入寺的 300 元/月；2010、2011 年入寺的没有工资。

ZS 寺与前两个寺院有所不同，不是以进寺的时间为依据，而是根据僧人的年龄、单位和职务分发生活补贴。据寺管会副主任介绍，"按照这种分配方式僧人的收入差别不大，人均收入在每月 1700 元左右"。③

（二）工分制模式

工分制模式是把每天的工作核算成工分，根据僧人的工分获得相应的收入。被调查寺院中，SL 寺属于该种模式。

SL 寺规定每个工分 5.5 元，僧人每天最多打 12 分，一般僧人打 5~11 分，每年兑现一次。如果按照平均每天打 8 分，每位僧人每天挣 44 元；如果一个月按 28 个工作日计算，平均每位僧人的月收入是 1232 元。当问及每个工分 5.5 元的依据时，寺管会资产管理处处长说："根据门票收入决定的。"④ 除上述收入之外，僧人们还会接受一些信众的布施。这样下来"僧人生活费每半年 7000 元左右的收入是有保障的"。

（三）日工资模式

这种分配模式采用固定的日工资收入，然后按照工作的天数，获得最终的收入。被调查寺院中，ZB 寺和 GD 寺属于这种模式。

---

① 2012 年，与 DZ 寺寺管会干部访谈获得。
② 2012 年，与 DZ 寺寺管会干部访谈获得。
③ 2013 年，与 ZS 寺寺管会副主任访谈获得。
④ 2012 年，与 SL 寺寺管会干部访谈获得。

ZB 寺寺管会成员介绍：ZB 寺将僧人分为两大类，学经僧人和工作僧人。学经僧人一天 28 元收入，工作僧人每天 35 元收入。如果按照每月 28 天工作日计算，工作僧人的月收入为 980 元。

GD 寺也采用固定日工资模式，不同的是 GD 寺将日工资分成三级，分别是每天 43 元、每天 44 元、每天 45 元，僧人的收入半年结算一次。如果按照三个级别中的中间一级，一天 44 元，一个月按照 28 天计算，每位僧人一个月的收入是 1232 元。据寺管会负责人介绍："半年的话一个人差不多五千，五千还算多的，然后就是四千多、三千多、两千多的都有……我们去年统计了一下，我们的僧人一年的总收入达到一万五千元。"

（四）资历与效益相结合模式

资历与效益相结合的收入模式，即在僧人的资历收入基础上，再根据僧人从事的工作情况获得效益收入，被调查寺院中 BJ 寺属于此类。

从 1986 年开始，BJ 寺将僧人按进寺的时间分为：70 年代的、80 年代的、90 年代的、2010 年以后的几个等级，并发放相应生活补贴。从 2006 年开始，在发放生活补贴的基础上，增加效益收入。效益收入根据工作的强度分不同等级，收入为 100～300 元/月。例如主殿的工作比较忙，工资就高些，300 元/月。按照上述的计算方法，僧人平均每月生活补贴为 700 元，高的在 1300 元，低的 200元。另外，寺院统一供应伙食，僧人不交伙食费。

此外，一些寺院除了发放生活补贴外，还有分红、布施、宗教服务等收入。据 DZ 寺寺管会副主任介绍，从三年前（2009）开始，DZ 寺僧人集资从事旅游商品的经营活动。"一次性集资 5000元左右。每年大概能给僧人补贴 1000 到 2000 块钱"。① 除此之外，

---

① 2012 年，与 DZ 寺寺管会干部访谈获得。

僧人还有一些接受信众和游客布施的收入。"信众的布施，一个月一个僧人 100 元左右"。① 据 ZB 寺寺管会人员介绍：除寺院发给僧人的生活补贴外，僧人还可以得到寺院生产经营的分红，一个僧人一年收入近一万块钱。还有一部分为群众的布施收入。"都加起来一个僧人将近一个月总共有 3000 块钱的收入。"②

总之，从以上各寺院的收入分配看，尽管各寺院采取的分配模式不同，但是僧人的资历、工作性质和特点是最主要的分配依据。

三　寺院工作由管理委员会统筹

藏传佛教寺院，均有一套严密、完整的组织结构，管理寺院内外大小事务。民主改革之前，西藏实施政教合一政策，寺院通过同世俗贵族政权结合，寺院住持既是教主，同时又是封建主。民主改革以后，废除了过去的封建特权，采取了新的民主化管理和传统的宗教职务相结合的管理办法。改革开放后，在全面贯彻党的宗教政策下，寺院逐步健全了民主管理体系。特别是从 1982 年中共中央颁布《关于我国社会主义时期宗教问题的基本观点和基本政策》以后，西藏寺院普遍组织起了寺院民主管理委员会，逐步建立、健全寺院内部的管理制度，包括财务管理和分配制度。从 2011 年下半年开始，西藏自治区党委、政府决定选派优秀干部进驻寺院，寺院管理委员会成立。

（一）管理委员会统筹寺院工作

2011 年下半年，西藏自治区党委、政府认真贯彻落实中央关于加强和创新社会管理的精神，着眼于藏传佛教领域和谐稳定和西藏长治久安，深入研究宗教工作规律，正确把握党的宗教工作基本方

---

① 2012 年，与 DZ 寺寺管会干部访谈获得。
② 2012 年，与 ZB 寺寺管会干部访谈获得。

针，谋长久之策，行固本之举，制定出了《中共西藏自治区委员会、西藏自治区人民政府关于加强和创新寺庙管理的决定》（藏党发〔2011〕16号），决定在全区寺庙全面实施"建管理机构、建党组织、建班子、建队伍、建职能、建机制"的"六建"工作。西藏自治区各级各部门成立了加强和创新寺庙管理工作领导机构及其办事机构，选派懂宗教政策，服务意识强的干部进驻寺庙。

在管理形式上，根据寺庙规模大小、僧人多寡、管理复杂程度等因素，采取因寺制宜、区别对待的管理办法。"在民主管理基础条件较好、规模较大、僧人较多的寺庙选配僧人参加管委会领导班子，实行僧人主管；在问题较多、管理难度较大的寺庙选配县、乡干部与僧人一并进入管委会或选派政府特派员参与管委会的管理，实行政府干部参管；在寺庙规模小、僧人少且互相缺乏监督的寺庙，确定村委会班子成员兼任寺庙管委会主任，实行村干部兼管，以确保寺庙内部民主管理真正有效发挥作用。"① 具体为"20人以上的寺庙设立以驻寺干部为主体、爱国爱教僧尼参与的寺庙管理委员会，在20人以下的寺庙派驻专职管理特派员，建立起寺庙管理长效机制"②。据了解，近两年来，近1.4万名优秀干部进驻全自治区共1787座寺庙，他们的职责是改善寺庙基础设施，落实各项惠僧政策。③

通过课题组的调研了解到，按照加强和创新寺庙管理的决定要求，被调查的每个寺院都建立起比较完善的寺院民主化管理体系，寺院各项事务由寺院管理委员会统一决策、协调和管理。

（二）资产经营管理处负责对寺院生产经营的管理

寺院管理委员会下设不同的处（或是组），分管不同的部门。

---

① 谢家松：《创建"和谐寺庙"要理顺"五种关系"》，《中国民族报》2013年9月5日。

② 藏宣理：《惠在何处　惠从何来——西藏十大惠民举措解读之如何看待构建和谐寺庙》，《西藏日报》2013年6月23日。

③ 许万虎等：《西藏驻村干部日记曝光——服务寺院送保障》，半月谈网，2013年8月13日。

"SL寺民主管理委员会共23位寺管会成员，11个为僧人，12个为干部，下设6个部门"①；"ZB寺寺庙民主管理委员会成员25个，其中干部12个，僧人13个"②；"2011年10月寺院民主管理委员会进寺，其中干部编制40人，实际32人，派出所单独有20人，僧人20多人，分为8个办公室，如资产处、佛事处、人事处等"③；"BJ寺寺管会由27位干部和12名僧人组成，分为六个组，分别是：办公室、佛事组、资产组、人事组、法宣组、治保组"。④ 相对上述大寺院，一些小寺院的寺管会成员少，分工没有那么细。例如，CG寺共有87个尼姑，"寺院管理委员会由四名成员组成，分别是主任、副主任和两个委员，她们各有分工，分管寺里宗教、经营等事务"。⑤

寺院的生产经营活动由寺院的资产经营管理处负责，其中包括寺院旅游的经营与管理。较大寺院的资产经营管理处由处长、副处长和4~6名成员组成。例如，SL寺资产经营管理处，设处长1名，副处长2名还有4名僧人。ZB寺资产经营管理处共有4名干部，3名僧人管理平时的事务。

（三）寺院财务收支管理由僧人负责，住寺干部监督

为了便于管理，寺院管理委员会下设的各处（组）都由僧人和驻寺干部组成。寺院的财务收入、支出由寺院的僧人具体负责管理，驻寺干部发挥指导和监督作用，不直接参与管理。

寺院财务管理实行公开制。寺院的财务收支情况要在全寺僧人大会上公布，每半年一次，每年两次，公布后还要张贴公示结果。CG寺、BJ寺寺院的收入支出情况表，就是课题组调研时在寺院公示栏中获得的。

---

① 2012年，与SL寺资产管理处处长访谈获得。
② 2012年，与ZB寺民主管理委员会的委员访谈获得。
③ 2013年，与ZS寺寺管会副主任访谈获得。
④ 2013年，与BJ寺寺管会主任访谈获得。
⑤ 2012年，与CG寺寺管会副主任访谈获得。

第二节　西藏寺院旅游收入分配中存在的主要问题

寺院实行民主化管理，西藏寺院旅游经营管理日趋民主化、规范化，寺院旅游收入分配也愈加公开、合理。作为宗教组织，寺院在旅游经营与管理方面表现出一定的特殊性、复杂性，还有许多亟须调整和完善之处。课题组调查发现，目前西藏寺院旅游收入分配不均衡，寺院旅游对社区发展的带动作用不强，寺院收入分配管理水平有待提高等问题比较突出。

一　寺院旅游发展不平衡，僧人的收入差距大

寺院宗教地位和宗教影响力的不同、寺院所处的地理位置的优劣以及旅游的可进入性的高低等因素，导致西藏寺院旅游发展水平不同，寺院旅游收入存在显著差距。

（一）寺院之间的收入差距明显

尽管目前西藏有1700座寺院对外开放，但是寺院旅游的发展水平相去甚远。既有少数"旅游热点"的大寺院、名寺院，也有大量门可罗雀的"旅游冷点"的中小寺院和相当数量的"旅游盲点"寺院。

1. 旅游热点寺院与旅游冷点寺院收入差距明显

寺院旅游发展的不平衡导致旅游收入的差距明显，"旅游热点"的寺院与"旅游冷点"的寺院的僧人生活补贴差距明显（详见表4-2）。

表4-2　被调查寺院僧人年人均生活补贴

寺院	僧人数量（人）	工资支出（万元）	年人均工资（元）
DZ 寺	102	435.8	42729.90
ZB 寺	439	1274.9	29375.58

续表

寺院	僧人数量（人）	工资支出（万元）	年人均工资（元）
GD 寺	312	318.0	10192.31
CG 寺	90	83.2	9247.78
ZS 寺	889	951.2	10700.11
BJ 寺	72	117.1	16257.99
XL 寺	77	77.8	10098

资料来源：笔者 2012 年和 2013 年调研获得。

对寺院僧人年人均生活补贴的调查分析结果表明，被调查寺院僧人的年人均生活补贴可大致分为 4 个档次：4 万元以上、2 万元以上、1 万元以上和 1 万元以下。生活补贴最高的是作为"旅游热点"的 DZ 寺，人均年收入为 42729.90 元；生活补贴最低的是作为"旅游冷点"的 CG 寺，人均年收入为 9247.78 元。

除了上述显性的收入外，还有一些隐性的收入，隐性收入进一步扩大了僧人间的收入差距。"旅游热点"寺院宗教影响力大，地位高，信众多，布施多。例如，DZ 寺寺管会的负责人说："这个收入是很不稳定的，有时候 50 万，有时候上百万元。"[①] 据说，这部分收入一般都直接发给了僧人。如果按 50 万元计算，DZ 寺僧人每年大约获得 5000 元，如果按 100 万元计算，每位僧人获得 10000 元左右。2013 年，在 SJ 寺的金刚跳神法会上也发现，几位游客不仅为 SJ 寺捐款，而且为每个在场的僧人发放 200 多元的布施。如果把上述收入都统计在内的话，"旅游热点"寺院僧人的收入与"旅游冷点"寺院僧人的收入差距更大。

2. "旅游热点"寺院与"旅游盲点"寺院的收入差距巨大

旅游热点寺院，通过门票、游人的布施、寺院纪念品销售、停

---

① 2012 年到 DZ 寺调研，访谈寺管会主任获得。

车场收费、茶馆和餐馆的经营活动等获得大量的旅游收入。"DZ寺一天游客数量能达到3000人，去年（2011）最多的时候一天达到6000个游客"①，按照现在每张门票85元计算，旅游旺季DZ寺一天的门票收入是51万元人民币。而位于拉萨市郊区娘热乡的SY寺，没有发展寺院旅游。寺管会的主任介绍："这里的尼姑的收入与拉萨大寺僧人的收入相比较少。110名尼姑全部纳入城镇居民最低生活保障，每个月现在可以拿到300元，加上寺院给的生活补贴，总共加起来的话一个月可以拿到700元。"

（二）寺院内部僧人之间收入差距较大

从寺院收入分配模式看出，受资历、从事工作的性质和是否参与寺院旅游服务和管理等因素影响，寺院内部僧人之间的收入也存在一定的差距。

1. 僧人的资历不同，生活补贴不同

调查发现，大部分寺院采用按资历分配的模式，僧人之间在收入上出现不同档次。例如，DZ寺按照入寺时间的长短，生活费被分为4个档次，"在500到1000元之间，年长的多一点"。② XL寺根据僧人进寺的时间分为5级，每月生活费从700元到0元不等。③ BJ寺根据僧人入寺的长短分为7个等级，7个级别的薪水补贴、生活补贴存在一定差异。其中，最高级与最低级在薪水补贴上每月相差474元，在生活补贴上相差180元，两项之和相差654元。此外，在职务上还有高低之别，最高职务的僧人每月1080元，最低的没有收入，两者相差1080元。④

此外，具有特殊职能的僧人的收入明显高于普通僧人。2013

---

① 2012年到DZ寺调研，访谈寺管会主任获得。

② 2012年对DZ寺寺管会主任访谈获得。

③ 2013年对XL寺寺管会成员访谈获得。

④ 从"BJ寺2013年6月僧人的生活补贴和参加法会所得收入补贴统计表"中整理获得。

年，在 ZS 寺调研时，发现许多老百姓到一位精通藏族天文历算的僧人家里来占卜何时盖房子、何时开张做买卖、孩子起什么名字、家里的病人到什么地方治病等。每位来占卜的人会布施 10 元、20元，甚至几十元、上百元不等。

2. 是否参与寺院旅游服务与管理，生活补贴不同

调查发现，ZB 寺将僧人划分为学经僧人和从事旅游接待的两类。学经僧人每天补贴 28 元生活费，旅游接待的僧人每天补贴 35元生活费，二者月收入相差 200 元左右。

除此之外，僧人从旅游者和信众处获得的个人捐赠和布施，会因僧人的宗教地位有所差别。一般德高望重的僧人获得的布施较多，年轻的僧人获得的较少，甚至没有。

僧人之间一定的收入差距是客观存在的，也是合理的。但是，如果收入差距过大，特别是因是否参与寺院旅游服务和管理而导致收入差距过大，不仅会导致僧人间的相互攀比，影响僧人的修行和僧团的精神面貌，而且也会改变社会公众对出家人的看法，影响信众对宗教的虔诚信仰。例如，有些藏族群众认为一些"旅游热点"寺院的僧人很有钱，除了日常生活水平明显提高外，买车、买房的大有人在。一位在金融行业工作的藏族干部说："拉萨大寺院的僧人的年收入相当于一个国家公务员的收入。"[1] 一位驻寺的藏族干部说："僧人虽然不能娶妻生子，不需要盖房、买车，但是他们把钱资助给父母和兄弟姊妹，帮助家里的人盖房、买车。"[2]

二 社区居民的利益未得到应有重视

旅游活动的综合性导致寺院旅游涉及多个利益主体。从利益相

---

[1] 拉萨调研中获得。
[2] 日喀则调研中获得。

关者与旅游可持续发展之间的关系角度分析，旅游者、旅游经营企业、政府部门和当地社区为宗教旅游的核心利益相关者，他们是宗教旅游活动中不可或缺的群体，其利益关系的协调与否可以直接左右宗教旅游的生存和发展。[①]

相关利益主体在宗教旅游中的目的、扮演的角色不同，导致利益诉求不同。宗教旅游者是为了获得满意的旅游体验；旅游企业是为了追求利润，由于目前西藏寺院旅游由寺院自主经营、管理，所以不涉及直接参与旅游的旅游企业；政府部门的利益诉求集中体现在提高地方税收、保护宗教文化、促进社区的发展等方面；社区是寺院旅游发展的基础和保证，利益诉求是增加就业机会、提高收入、改善环境等。从上述4个宗教旅游核心利益主体看，社区居民的旅游参与意识和参与精神不足、知识匮乏、能力不强以及权力缺失等诸多因素，导致社区的主体地位往往得不到承认和重视，利益诉求也很难实现。西藏寺院旅游的社区参与，存在的主要问题如下。

（一）对社区参与寺院旅游利益分配的认识不够

社区参与旅游发展理论指出，"社区及其居民的发展是旅游社区参与发展的最终目标。所以社区居民应当参与旅游收益的分配，获得应有的经济发展资源（包括生产资料和经济收益的分配等），以通过旅游发展带动社区的经济发展和社区居民经济收入等经济指标的提升，实现居民物质生活品质的提升"。[②] 因此，社区居民作为旅游发展的利益主体，应享受旅游开发带来的就业机会的增多、收入的增加。社区参与旅游理论具有两个方面的含义：一是社区主动地参与旅游的过程；二是在旅游活动中社区被当作利益主体来对待。

① 高科：《我国宗教旅游利益相关者及其协调机制初探》，《广西民族研究》2010年第3期。

② 刘丽梅、吕君：《社区参与旅游发展的问题探讨》，《未来与发展》2010年第7期。

调研发现，由于寺院旅游是借助寺院这一特殊的环境和空间开展的旅游活动，旅游活动的客体是寺院内的各种宗教文化事项和其他文物古迹。这就容易给人们造成一种误解，认为寺院旅游完全是寺院自行开展，旅游收入属于寺院并由其支配，与寺院所在社区无关，社区居民在寺院旅游中能否获得利益未能得到关注。事实上，寺院所在社区是寺院旅游的前提和保证。第一，寺院的宗教文化是在漫长的历史发展中积淀下来的，是寺院世代传承的结果，也是广大信众，特别是寺院所在社区居民多年供奉、布施的结果。第二，寺院旅游的发展离不开寺院所在社区居民的精神支持和物质上的保障。社区居民对游客的友好态度，良好的旅游环境和文化氛围，会提高游客对旅游的满意度。第三，独具特色的藏民族文化、藏民族虔诚的宗教信仰，与寺院的宗教文化融为一体，成为重要的寺院旅游资源，对游客产生巨大的吸引作用。第四，寺院旅游的发展，在带来巨大的经济效益的同时，也给社区带来诸多负面影响，如物价上涨、环境拥挤嘈杂、外来文化对藏民族文化的冲击等成本。

在以政府为主导的西藏旅游开发战略下，西藏的社区参与旅游发展应更多地体现为：把社区作为旅游利益的主体，引导社区居民积极参与旅游过程，并获得相应的利益。具体到寺院旅游，旅游发展不但要发挥增加寺院收入，改善僧人学习、生活条件的作用，也应发挥带动寺院所在社区经济发展、引导社区居民走向脱贫致富的道路的作用。为此，西藏寺院旅游虽然是以寺院的宗教文化为对象的旅游活动，但是寺院旅游发展肩负着促进寺院和社区共同发展、共同进步的责任。

（二）社区参与寺院旅游程度低

按照社区参与旅游发展理论，社区居民有权参与旅游开发决策、经营管理、监督等一系列的发展过程，同时享受旅游开发带来的利益。

2012 年课题组针对 DZ 寺旅游，对 DZ 寺周边的八廓街居民进行了问卷调查发现，社区居民的收入来源主要有工资、旅游服务业、其他行业。其中，来自旅游服务业的仅占 30.2%，来自其他行业的占 33.6%，这说明旅游服务业对 DZ 寺景点周边的居民惠及程度不够广泛。但是，社区居民对参与 DZ 寺寺院旅游的态度却十分积极。调查发现，有占 70.3% 的被调查居民表示愿意和非常愿意参与到 DZ 寺旅游中（详见表 4-3）。

表 4-3 DZ 寺周边社区居民收入及参与寺院旅游愿望情况

题项	内容	频次	百分比（%）
主要收入来源	种植业	12	5.9
	养殖业	11	5.4
	工资	50	24.8
	旅游服务业	61	30.2
	其他行业	68	33.7
参与寺院旅游愿望	非常不愿意	8	4.0
	不太愿意	15	7.4
	不清楚	37	18.3
	愿意	125	61.9
	非常愿意	17	8.4

资料来源：2012 年调研获得。

导致社区居民参与 DZ 寺旅游程度低的因素很多。首先，社区居民参与寺院旅游的意识不强。在被调查的社区居民中，85.1% 的人信仰藏传佛教。虔诚的宗教观念，居民与寺院及僧人之间信仰与被信仰、供奉与被供奉的关系，导致居民习惯于向寺院供奉，缺乏参与寺院旅游并获得相应利益的意识。访谈中当问及"寺院看殿、导游等工作能否让社区居民承担时"，社区居民都表示不应该。其次，社区居民的参与能力不高。被调查的社区居民中，占 50% 的人为初中及以下学历。受教育程度普遍偏低，导致社区居民从事寺院旅游服务管理的能力不够。再次，寺院提供给社区居民参与寺院旅游的机会和岗位不多。调查发现，西藏寺院旅游中的绝大多数服务性工作都由僧人承担，提供给社区居民的就业机会少。例如 DZ 寺 102 位僧人中，除了 4 位 80 岁以上的僧人外，其他僧人都参与 DZ 寺的管理工作。目前，DZ 寺为社区居民提供保洁、工勤、保安岗位等勤杂岗位，共计聘用社区居民 42 位。DZ 寺位于拉萨市城关区八廓街。八廓街办事处下辖绕赛社区、白林社区、鲁固社区、八廓社区 4 个居委会，199 个居民大院，2000 多人。

表 4 - 4　DZ 寺周边社区居民的身份特征

身份特征	样本分布	样本数据	
		样本数	百分比（%）
受教育程度	小学及以下	50	24.8
	初中	51	25.2
	高中/中专/技校	51	25.2
	大专	22	10.9
	本科	28	13.9
	硕士及以上	0	0
宗教信仰	藏传佛教	172	85.1
	无宗教信仰	20	9.9
	其他宗教	10	5.0

（三）社区居民的收入偏低

目前，社区参与寺院旅游主要有以下途径：一是直接参与寺院旅游服务；二是经销旅游纪念品，从事餐饮和住宿服务等。

通过调查发现，寺院向社区提供的岗位少，而且多为技术、知识含量不高的勤杂工作，如保洁、工勤、保安等，工资待遇比较低。2011 年，DZ 寺勤杂人员工资、厨房和内保值班补助共计：

80.70 万元，月人均收入为 1600 多元。与僧人 3560.8 元（僧人工资支出 4358450 元，在寺僧人 102 位）的月人均收入相差 1.22 倍。GD 寺聘用了 40 多位勤杂人员，每人每月 400 元工资，是僧人生活补贴的一半。ZB 寺为社区提供 44 个勤杂岗位，每天按照 35 元工资计算，一个月工作时间按照 28 天计算，他们的月工资为 980 元，与 2656.04 元的僧人月工资相差 1.71 倍。

2012 年，拉萨市城镇居民人均家庭总收入 22258 元，其中人均工资性收入 20428 元。[①]被调查社区居民中，有 49% 的年收入在 8000～16000 元。即使按照 16000 元计算，其收入也比拉萨市人均工资性收入低 21.7%。这表明寺院旅游周边社区居民收入并没有因为寺院旅游而获得改善。

寺院旅游带动了寺院周边的旅游商品销售、餐饮和住宿业的发展，为社区提供了许多就业机会。但是，我们调查发现：寺院所在社区居民参与上述经营活动的不多，对经营的满意度不高。调查结果显示，被调查的社区居民中自营业主只占 30.7%。谁是寺院旅游主要利益的获得者？有 27.89% 的社区居民认为是寺院，有 26.71% 的社区居民认为是政府（详见表 4-5）。

表 4-5　社区居民对收入获得者情况的态度统计（多选，N = 202）

选项	样本数（人次）	总人数百分比（%）	总次数百分比（%）
政府	90	44.55	26.71
寺院	94	46.53	27.89
居民	63	31.19	18.69
外来商人	56	27.72	16.62
其他	34	16.83	10.09
总计	337		100.00

① 聂丛笑、刘阳：《拉萨市 2012 年城镇居民人均家庭总收入 22258 元》，人民网财经频道，http://finance.people.com.cn/n/2013/0118/c1004-20248150.html。

三　寺院财务管理科学化、规范化水平有待提高

寺院财务管理是寺院管理的基础，寺院财务搞得好坏，直接影响佛教事业的发展，影响教徒的生活和宗教政策的贯彻落实。随着西藏寺院旅游的发展，寺院自养水平的提高，现代寺院财务管理的问题日益突出。为此，2010 年 1 月 7 日，国家宗教事务局发布的《宗教活动场所财务监督管理办法（试行）》，对寺院的收入和支出管理有明确规定。宗教活动场所的收入主要包括：按照国家有关规定接受的境内外组织和个人的捐赠；提供宗教服务的收入和宗教活动场所门票的收入；经销宗教用品、宗教艺术品和宗教出版物的收入；从事社会公益慈善事业和其他社会服务的收入；政府资助；其他合法收入。宗教活动场所的收入应当用于与本场所宗旨相符的活动以及社会公益慈善事业。宗教活动场所的支出主要包括：宗教事务支出；基本建设支出；宗教教职人员生活支出及其他工作人员报酬支出；日常性支出；从事公益慈善事业和其他社会服务支出；其他支出。2010 年 9 月，国家宗教事务局颁布的《藏传佛教寺庙管理办法》也明确指出："寺庙应当加强内部管理，依照有关法律、法规、规章及藏传佛教教义教规，建立健全教务活动、人员、财务、会计、治安、消防、文物、环境保护、卫生防疫等管理制度。"

课题组对西藏寺院调查时发现：被调查寺院的财务管理都实行了民主化、公开化的管理办法。寺院的财务管理由寺管会下设的寺院资产经营管理处的专门工作人员（一般由僧人具体负责，驻寺干部指导监督）负责；各寺院都建立了年度收入支出公开制度，定期在全体僧人大会上公布寺院的收入支出情况。但是从各寺院的收入支出情况报表和对寺院财务管理的访谈中发现，目前西藏寺院的财务管理亟待完善和提高，主要集中在以下几方面。

（一）寺院旅游收入支出统计不全面

在《宗教活动场所财务监督管理办法（试行）》中，对寺院统计显示的收入支出已有明确的规定。"宗教活动场所的收入主要包括：（一）按照国家有关规定接受的境内外组织和个人的捐赠；（二）提供宗教服务的收入和宗教活动场所门票的收入；（三）经销宗教用品、宗教艺术品和宗教出版物的收入；（四）从事社会公益慈善事业和其他社会服务的收入；（五）政府资助；（六）其他合法收入。"宗教活动场所的支出主要包括：（一）宗教事务支出；（二）基本建设支出；（三）宗教教职人员生活支出及其他工作人员报酬支出；（四）日常性支出；（五）从事公益慈善事业和其他社会服务支出；（六）其他支出。

从被调查的寺院提供的 2011 年寺院收入支出统计表中发现存在以下问题：第一，缺少对社会捐赠的统计数据。在被调查的寺院中，除了 ZS 寺将 2011 年接受的北京一公司的 100 万元的捐赠和 GJ 发展总公司的 200 万元统计外，其他寺院没有对社会捐赠进行统计。据 DZ 寺寺管会的负责人说："这个收入很不稳定的，有时候 50 万，有的时候上百万。"① 第二，门票收入统计不规范。一些寺院虽然开展寺院旅游，但是在收入统计中没有门票收入数据，还有的寺院把门票收入与信教群众布施合在一起统计。第三，有的寺院没有对寺院给僧人的生活补贴进行统计。

寺院收入支出统计数据不全，一方面给全面、客观地分析寺院的旅游收入分配带来一定的困难，另一方面也对寺院自身摸清家底，了解资金的来源和分配带来麻烦。

（二）寺院收入支出统计项目繁简不一

在被调查的寺院中，有的寺院的收入支出统计款项简单，共计

---

① 聂丛笑、刘阳：《拉萨市 2012 年城镇居民人均家庭总收入 22258 元》，人民网财经频道，http：//finance. people. com. cn/n/2013/0118/c1004 - 20248150. html。

五六项。例如 BJ 寺仅对工资补贴、维修建筑、政府拨款、公益、公共用途 5 项进行了统计。在"GD 寺 2011 年收支情况说明"中，共列出 W 旅游公司、茶馆和商店、门票、停车费、布施、康村、拉康的收支 7 项内容。与之相比，有的寺院则比较复杂，统计项目有 30 多项。例如，"2011 年（ZS 寺）财务处经济支出总额报表"中，仅收入栏就列出了：今年本寺财务处所收的收入、地方所属寺院和扎仓上缴的收入、念《丹珠尔》《甘珠儿》经的收入、经堂扎仓所收供品的钱、念长寿经所收的钱、念经做法事卖宝瓶的收入、所收的捐赠的钱、民主管理委员会在接待服务中所得的收入、农行中行中定期不定期存款所得的利息、两个大车所收的消耗费和油费、僧人卖粮食油灯所得的收入、寺院卖出的图书相片所得的钱、文物博物馆门票钱、僧人所用的电费、保安小组所收的钱、汽车的停车费、财务室卖衣服和肉得到的钱等共计 31 项，支出项共计27 项。

寺院收入支出统计内容的繁简不一，一方面造成寺院之间无法进行财务运行的比较分析，无法相互借鉴，取长补短；另一方面统计过于笼统不利于寺院财务的精细化管理，也容易让人产生寺院财务的公开度、透明度不高的误解。

（三）绝大多数寺院没有进行分类统计

在《宗教活动场所财务监督管理办法（试行）》中，明确规定了"宗教活动场所的收入和支出主要类别"。但是，被调查寺院中除 DZ 寺外，绝大多数寺院没有进行分类统计。2011 年 DZ 寺收入支出统计中，把收入分为：经堂收入、旅游门票收入、其他收入、材料收入、导游管理费，共计 5 类；支出分为：经常性支出、扶贫捐助支出、修缮支出、慰问支出、其他支出、厨房支出六类。在每一类下又列出了项目，例如旅游门票收入分为：国内旅游门票收入、国外旅游门票收入；工资支出分为：僧人工资支出、勤杂人员工资支出、厨房和内保值班补助。其他被调查寺院的收入支出统计均采取了项目罗列的方式，较为繁杂。

寺院不进行分类统计带来的问题，一方面是寺院财务管理不够科学、规范；另一方面寺院无法对收入支出进行动态的分析和把握，不利于寺院对资金的控制和计划。

（四）统计报表仅使用藏文，给寺院间的交流和接受监督、检查带来困难

从被调查寺院提供的数据和资料中，我们发现拉萨及周边的寺院提供的"2011年寺院收入分配情况表"中的数据资料均为汉字形式；而日喀则地区被调查的寺院提供的数据资料均为藏文形式。在《民间非营利性组织会计制度》中明确要求："会计记录的文字应当使用中文。在民族自治地区，会计记录可以同时使用当地通用的一种民族文字。"

作为少数民族自治区，西藏具有一定的特殊性。广大藏族同胞习惯用本民族的语言进行沟通、交流是可以理解的。但是，作为一个宗教组织正式的文件和统计资料，如果能够既使用本民族语言，又能使用官方的语言和文字，即是宗教组织财务管理的科学性、规范性的表现。同时，也有利于与其他宗教组织的交流，更便于接受信教群众、旅游者和上级主管部门的检查、监督。

四 生活补贴支出偏高，公益和教育支出偏低

藏传佛教寺院不仅是一个经济实体，更是一个宗教组织、文化实体，应发挥多种积极的社会功能。随着寺院旅游的快速发展，寺院经济收入的不断增加，一些旅游热点寺院，不仅每年拥有丰厚的收入来源，而且积累下雄厚的资产，在缺乏科学合理的利益分配机制的情况下，容易给寺院带来诸多不利的影响。

寺院作为非营利免税的宗教组织，从事经济活动的目的，除了

满足僧人的基本生活，如衣、食、住及医疗等基本保障，满足寺院的维修及设施的健全之外，还应服务于社会慈善事业。例如，赈灾济荒、捐资助学、从事各项社会公益事业等。只有这样，才能使寺院在一定程度上发挥社会财富分配的"蓄水池"作用。与此同时，在新的社会环境下，寺院建设和发展面临新课题。为此，加强寺院的人才培养，提高僧人的文化素质和宗教理论水平，是时代发展的需要，也是寺院更好地发挥乐善好施的积极社会功能的需要。

调查发现寺院的财务支出主要包括：僧人工资（布施）、寺院修缮和文物保护、佛事支出、公益活动、生产经营的成本等方面。从支出结构看，僧人的生活补贴的支出比重偏高，扶贫捐助等公益事业和学习培训等方面的支出比重偏低。

（一）一些寺院的生活补贴比重偏高

被调查寺院的支出中，生活补贴占寺院总支出的比重平均在40%以上。其中 DZ 寺占 14.53%、GD 寺占 66.39%、CG 寺占 35.31%、ZS 寺占 34.91%、BJ 寺占 44.45%、XL 寺占 54.80%（详见表 4-6）。

表 4-6 寺院生活补贴和建筑维修补贴

寺院名称	寺院总支出（万元）	生活补贴支出（万元）	生活补贴占总支出的比重（%）
DZ 寺	2999.19	435.80	14.53
GD 寺	479	318.00	66.39
CG 寺	235.64	83.20	35.31
ZS 寺	2724.46	951.20	34.91
BJ 寺	263.43	117.10	44.45
XL 寺	141.98	77.80	54.80

寺院生活补贴占寺院支出比重偏高，有两种情况：第一种情况是寺院的总收入少，寺院收入主要用于僧人的生活支出，有这种情

况的寺院在西藏比较普遍，这种支出结构也是合理的；另一种情况是寺院收入比较高，寺院收入主要用于僧人的生活支出。这种情况只出现在几个"旅游热点"寺院。寺院的生活补贴比重偏高，会造成以下不利影响。一方面，限制寺院其他方面的投入。寺院的投入是多方面的，弘法、寺院建设维修和文物保护、社会公益事业、僧人的教育和人才培养、寺院的生产经营等。生活补贴支出比重偏大，导致在其他方面的投入比重过小，影响寺院的发展。另一方面，为一些修持不够、持戒不严的僧人追求物质享受提供条件。随着西藏改善寺庙公共服务，把僧尼纳入社会保障体系等，僧众的基本生活得到了保障。政府的一些奖励措施，也给僧人带来不少收入。

（二）社会公益支出统计缺失，比重偏低

在中国，宗教组织作为非营利性组织，国家在政策上给予优惠，如对宗教土地房产免征土地使用税和房产税，对宗教活动场所的门票收入免征营业税，并要求城市建设中处理宗教房地产问题要照顾宗教界利益等。2012 年，国家宗教事务局等 6 部委局联合发布的《关于鼓励和规范宗教界从事公益慈善活动的意见》中明确提出："鼓励宗教界积极参与社会公益事业和慈善事业"，认为这既是"发挥宗教界人士和信教群众积极作用的重要途径，也是促进我国公益慈善事业健康发展的有益补充"。有关宗教公益慈善事业的范围，意见书也给予了说明，"当前，重点支持宗教界在以下领域开展非营利活动：灾害救助；扶助残疾人；养老、托幼；扶贫助困；捐资助学；医疗卫生服务；环境保护；社会公共设施建设；法律和政策允许的、适合宗教界人士和信教群众发挥积极作用的其他公益慈善活动"。[①]

通过调查发现，首先，被调查寺院都采取多种形式开展了社会

---

① 国家宗教事务局政法司：《关于鼓励和规范宗教界从事公益慈善活动的意见》，峨眉山佛教网，http：//www.emsfj.com/zcdh/ShowArticle.asp？ArticleID＝4948。

公益活动。例如，DZ 寺寺管会副主任介绍说："（2011 年）我们有对口（帮扶）单位。我们对拉萨某县，做了两件好事情：花了 7 万元，在该县建立了羊毛纺织基地，还有花 11 万建造了牲畜暖房。捐赠 20 万为救治一位需要做肾移植手术的小孩，挽救了他的生命。还有资助很多贫困生上学，花费大概在 5 万元。然后给每个僧人的家庭，发了 1000 元的慰问钱与生活品，共花费 10 万多元。这些都是去年的一些大的事情，小的事情还有很多。"[①] 据 ZS 寺寺管会副主任介绍："寺院总收入的 10% 用于社会福利，但是具体数据不确定。"[②] ZB 寺寺院管理委员会副主任也介绍说："（ZB 寺）每年做公益事业花费将近 10 万元，还在别的 3 个县建立了扶贫点，去慰问每户给 500 元到 1000 元不等。"其次，多数寺院并未将公益事业的经费支出体现在寺院支出统计中。除 DZ 寺、ZS 寺、XZ 寺、BJ寺和 XL 寺对社会公益支出进行统计外，其他寺院均未提供相关数据。最后，从提供公益支出数据的寺院看，其社会公益支出的比重偏低。2011 年寺院提供的收入支出的数据中，寺院的公益支出比重为：DZ 寺占 3.51%，ZS 寺占 1.30%，XZ 寺占 0.80%，BJ 寺占0.94%，XL 寺占 1.19%（详见表 4-7）。

表 4-7 寺院主要支出项目情况

单位:%

寺院名称	僧人生活补贴	寺院建筑修缮	公益事业	教育支出
DZ 寺	22.48	35.89	3.51	
XZ 寺	3.74	1.15	0.80	
ZS 寺	34.91	25.13	1.30	0.009
XL 寺	54.77	17.86	1.19	
BJ 寺	44.44	45.24	0.94	

注：XZ 寺的支出中购买金粉占 59.01%，过节支出占 24.99%。

[①] 2012 年调研所得。

[②] 2013 年调研所得。

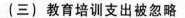

（三）教育培训支出被忽略

随着社会的不断发展，藏传佛教无论是思想、观念，还是组织、管理都在积极、主动地与社会发展相适应。提高僧人的综合素质，加强寺院人才培养，对正确把握藏传佛教发展导向，弘扬藏传佛教爱国爱教、持戒守法的优良传统，对于推动藏传佛教优秀传统文化的保护与传承，推进藏传佛教与社会主义社会相适应都很有意义。在改革开放、加强经济建设的过程中，寺院管理也出现了一些新情况、新问题，特别是一些年轻僧人持戒不严，修学不精，追求物质享受，甚至参与社会上的一些违法活动等问题时有发生。为此，加强僧人的思想道德教育和文化教育也是藏传佛教寺院的一个重要任务。

宗教人才培养是一项长期性、稳定性的工作，需要一定的资金投入。但是，在被调查寺院中，除 ZS 寺对僧人的教育培训支出进行了统计外，其他寺院均未提供相关数据。从 ZS 寺提供的数据看，寺院在人才培养方面资金投入非常少。2011 年，ZS 寺对僧人的教育培训支出仅占总支出的 0.009%。由此可见，西藏寺院在加强佛教教育，开展学术研究，增强寺院之间文化交流与合作等方面还有待进一步加强。

第五章 大昭寺旅游利益分配的满意度研究

浓厚的藏传佛教氛围，藏民族虔诚的宗教信仰，历史悠久的寺院文物古迹以及丰富多彩的宗教活动，深深地吸引着游客到西藏旅游。随着到寺院旅游人数的增加，寺院旅游收入有了很大提高。作为寺院旅游核心利益主体——游客、旅游纪念品经营者、寺院周边社区居民等，他们对寺院旅游利益分配的感知度和满意度是评价寺院旅游发展中的利益分配状况的重要标志。

为了进一步认识和把握西藏寺院旅游利益分配的实际，我们选取寺院旅游最活跃的大昭寺及周边为典型案例区。在明确大昭寺旅游的核心利益相关者的基础上，通过问卷调查和深度访谈，获得他们对大昭寺旅游的利益诉求及满意度情况，以此对大昭寺旅游利益分配问题进行全面、客观的评价。

第一节 大昭寺旅游案例区的界定

为了便于对大昭寺旅游利益相关者进行分析，我们首先对大昭寺旅游案例区的范围加以界定。大昭寺旅游案例区，即以大昭寺为核心，以八廓街道为半径的特定区域。无论从地理空间的独立性，还是从内部关系构成的完整性，该区域对研究西藏寺院旅游相关利益主体的关系都是比较理想的地域单元。这是因为在该区域内既包含了大昭寺及其僧人，同时也包含了大昭寺周围的社区及社区居民、旅游商品经营者、街道办事处等寺院旅游核心利益主体。为了便于对该区域构成有更加清楚的认识，具体分析如下。

一　大昭寺及其僧人是案例区的核心

作为完整的地域空间，藏传佛教寺院是宗教活动场所。大昭寺是西藏的宗教圣地，也是西藏寺院旅游的典型代表。作为藏传佛教各教派共尊的神圣寺院，因供奉由文成公主从大唐带来的释迦牟尼12岁等身像，而备受广大信众的尊崇。大昭寺是西藏宗教文化荟萃之地，不仅有始建于吐蕃时期、西藏最早的宗教建筑群，是藏式平川式寺庙布局的代表，而且拥有丰富的宗教典籍，众多的传统宗教仪式、宗教活动，具有突出的历史文化价值。早在1961年，大昭寺就被国务院确立为第一批全国重点文物保护单位，2000年被联合国教科文组织作为布达拉宫的扩展项目列入《世界遗产名录》，成为世界文化遗产。大昭寺特殊的宗教地位和特殊重要的历史文化价值，以及周围浓郁的宗教文化氛围，吸引着国内外众多游客的到来。

作为独立的组织，藏传佛教寺院是由僧尼组成的实体。大昭寺有僧人102人（2011），僧人的主要工作是接待信众、游客和宗教学习。接待服务工作，从早上8点到下午5点，每个喇嘛都有自己负责的区域和工作内容。宗教学习分为清晨6点的晨课；下午5点后的辩经、切磋和大经堂的集体诵经；晚饭后分科目学习。大昭寺僧人的学习内容很广泛，包括佛法及各种文化知识。为了更好地搞好接待，他们除了学习藏语、汉语外，还要学习英语等课程。

二 八廓街及周边旅游纪念品经营者是案例区的重要组成部分

八廓街是拉萨最繁华、最著名的传统商业街和转经路线。八廓街是为了修建大昭寺而开辟，并随着大昭寺的发展而发展，距今已有1300多年的历史。目前八廓街已经发展成为集社会、文化、宗教、旅游、商业等功能于一体的古老街道，成为全国乃至世界最具特色和旅游吸引力的历史文化街区之一。第一，作为我国首批"中国历史文化名街"，八廓街位于拉萨古城的核心区，连接大昭寺、小昭寺等重点文物29处；沿街密布包括旧西藏噶厦政府、拉萨地方政府等历史建筑和古院落56座，具有极高的历史、文化和建筑艺术价值。第二，八廓街作为西藏著名的商业街，在其两侧和大昭寺广场分布着数以千计的旅游商品销售店铺和摊位。在以八廓街为主的八廓街道辖区内，拥有2157家店铺门面，1813个摊位，经营商品达8000多种。[①] 来自全国各地的商人在此经营，其中多半是藏族同胞。2011年，这些经营者在八廓街创造了高达1.0998亿元的年销售总额。[②] 第三，藏语"八廓"是"环形朝拜路"的意思。八廓街是拉萨著名的转经道，主街道长达千余米。每当清晨和傍晚，摩肩接踵的信徒按照顺时针方向，沿八廓街绕转大昭寺，已经成为拉萨极具特色的民俗景观。

三 大昭寺周边社区及居民是案例区的有机组成部分

沿八廓街的两侧是大昭寺周边的社区，隶属于拉萨市城关区八廓街道办事处。八廓街道办事处下辖7个社区，即八廓社区、鲁固社区、白林社区、绕赛社区、夏莎苏社区、冲赛康社区、丹杰林社

---

① 2012年调研访谈资料。2013年拉萨市城市改造，八廓街两边的旅游纪念品零售摊位迁移到其他地方。
② 2012年调研访谈资料。

区。截至 2011 年年底，该区域共有 209 个居民大院，常住人口为 21518 人，暂住人口为 13495 人。[①] 大昭寺周围社区居民以藏族为主，近 10% 的家庭是由不同民族组成的混合家庭，仅藏汉结合的家庭就达 20 余家，这里的居民一般都会两三种语言。[②]

社区景观充满了藏民族风情与历史风貌的五色经幡在蓝天白云下飘动，红白两色的墙体在阳光下散发出夺目的光芒，再加上身着藏族服饰，延续着千年的转经、煨桑传统的社区居民，使得古老的社区呈现出强烈的民俗文化景观和宗教文化景观，体现出极高的旅游价值。活态的生活场景与风格独特、古朴神秘的八廓街融合在一起，呈现出浓郁的传统民俗风情，再加上现代商贸业和旅游业相互渗透形成的社会生活文化环境，使其成为具有一定科学、艺术价值的民族历史文化展示地。

此外，大昭寺旅游区域内还分布着当地政府机构。包括直接管理大昭寺周边区域的拉萨市城关区八廓街道办事处，以及当地的民族宗教部门、文物管理部门、旅游部门、城建部门等多个相关政府职能部门。八廓街道办事处是最直接最基层的政府管理部门，其他各个政府职能部门相关工作都需要其相应的配合或执行。

以上是大昭寺旅游案例区的界定及基本情况。通过对大昭寺旅游案例区内的旅游活动进行深入的调查分析，明确大昭寺旅游的利益相关者以及他们的利益诉求及利益分配中的主要问题。

第二节　大昭寺旅游利益相关者的界定

为了便于对大昭寺旅游利益分配问题的认识，在旅游利益相关

---

① 2012 年调研访谈资料。

② 田志林：《拉萨市城关区八廓街道办事处加强民族团结纪实》，《西藏日报》2012 年 2 月 21 日。

者理论的指导下，我们首先对大昭寺旅游所涉及的核心利益相关者进行如下界定。

一 旅游利益相关者构成

简·罗伯逊、伊恩·罗伯逊认为旅游利益相关者包括股东、旅游景区、游客、员工、压力集团、居民、旅游交通、国家和地方政府、旅游代理商、宾馆、媒体等。[①] 索特、莱森认为旅游业利益相关者包括积极团体、员工、游客、本地市民、竞争者、本地商户、政府部门和国家商务链八项。[②]

对于宗教旅游利益相关者而言，姚国荣、陆林通过对九华山旅游景区的研究，认为当地旅游企业员工、周边居民及经营户、游客、僧尼、九华山管委会是核心利益相关者。[③] 高科认为，在宗教旅游中利益相关者主要包括旅游者、旅游经营企业、政府部门、当地社区、行业协会、相关宗教人士、非政府组织、学术界和专家、新闻媒体、社会公众以及其他政府部门，并将其划分为核心利益相关者、重要利益相关者和外围利益相关者三个层次（详见图5－1）。[④]

在上述学者研究的基础上，结合大昭寺旅游的实际情况，确定大昭寺旅游的利益相关者，具体包括寺院及僧人、社区居民、游客、旅游商品经营者、旅游企业、当地的相关政府部门、佛教协会、专家学者、新闻媒体、非政府组织和其他，共11类。

---

① J. Robson, I. Robson, "From Shareholders to Stakeholders: Critical Issues for Tourism Marketers," *Tourism Management*, 1996, 17 (7): 533–540.

② E. T. Sautter, B. Leisen, "Managing Stakeholders: A Tourism Planning Model," *Annals of Tourism Research*, 1999, 26 (2): 312–328.

③ 姚国荣、陆林：《旅游风景区核心利益相关者界定——以安徽九华山旅游集团有限公司为例》，《安徽师范大学学报》（人文社会科学版）2007年第1期。

④ 高科：《我国宗教旅游利益相关者及其协调机制初探》，《广西民族研究》2010年第3期。

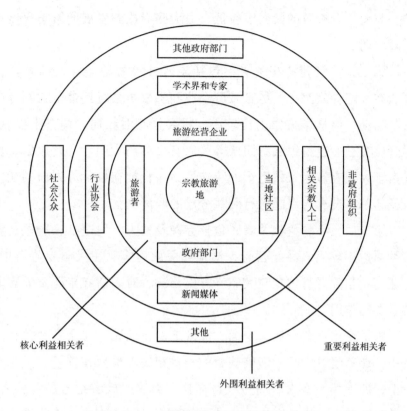

图 5 - 1 宗教旅游利益相关者构成

二 大昭寺核心旅游利益相关者的界定

在明确大昭寺旅游利益相关者的基础上，为了深入、重点地加以分析、研究，课题组对大昭寺寺院旅游的核心利益相关者加以界定。参照高科有关旅游利益相关者三层次分类，即核心利益相关者、重要利益相关者和外围利益相关者的划分，依据与大昭寺寺院旅游的紧密度、对大昭寺旅游影响的重要性这两个标准，将大昭寺旅游的利益相关者分为以下三类。

第一，外围利益相关者，包括专家学者、新闻媒体、非政府组织和其他等。在大昭寺旅游中，他们对大昭寺旅游不产生直接影响，与大昭寺旅游的紧密度较低，对大昭寺旅游发展的影响程度也相对较弱。

第二，一般利益相关者，包括旅行社等旅游企业、佛教协会等。在大昭寺旅游中，尽管旅游企业和佛教协会直接参与大昭寺的旅游活动，但是影响作用比较小，重要性相对较弱。调查中发现，尽管旅行社通过组织旅游团队等可以直接参与大昭寺寺院旅游，但是由于大昭寺作为宗教组织的特殊性，旅行社在议价等方面的能力较低，基本没有与寺院进行利益分成的经济关系。

第三，核心利益相关者，包括寺院及僧人、周边社区居民、游客、周边旅游纪念品经营者、当地相关政府等。在大昭寺旅游中，上述利益相关者直接参与大昭寺寺院旅游，对大昭寺旅游发展有非常重要的作用。

为了突出主要矛盾，全面、深入地剖析问题，在众多利益相关者中，课题组将大昭寺寺院旅游的利益相关者聚焦在核心利益相关者上，即寺院及僧人、周边社区居民、游客、旅游纪念品经营者、相关政府部门，详见图 5－2。各核心利益相关者在大昭寺旅游中扮演不同的角色。第一，大昭寺及其僧人在寺院旅游中发挥着无可替代的作用。寺院是西藏寺院旅游的载体和主要旅游吸引物，寺院僧人承担着旅游管理和服务。第二，周边社区居民不但作为"旅游吸引物总体中的一部分，既要过日常生活又要作为社区展示的一部分"[1]，而且要被动地投入各种经济成本和社会成本，包括土地被占用、生活方式改变、传统文化遭到破坏、生活费用增加、环境污染等。第三，游客作为旅游产品的消费者，西藏寺院旅游经济利益的直接提供者，在核心旅游利益相关者中具有主体资格和重要地位。第四，旅游纪念品经营者通过向旅游者提供旅游纪念品的销售服

---

① P. E. Murphy, *Tourism: A Community Approach*, New York: Methuen Inc., 1985.

务，以商品交换的形式来获取经济利益，同时满足游客的购物需求。第五，在"政府主导型"管理模式下，相关政府部门在寺院旅游中作为公共利益的集中代表者，是公共旅游资源的最大整合和调配者，并通过政策干预来协调各利益相关者间的矛盾和冲突。

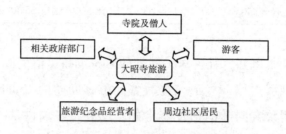

图 5 - 2 大昭寺旅游核心利益相关者

三 核心旅游利益相关者问卷的信度分析

在确定核心利益相关者的基础上，通过对各个核心利益相关者进行深度访谈及问卷调查，获得他们对大昭寺寺院旅游的感知和满意度情况。首先，对社区居民、游客、旅游纪念品经营者采用问卷调查的形式。具体做法是当场发放问卷、回答问卷、收回问卷。其次，对寺院、相关政府部门的调查采取深度访谈的方式，即选择有代表性的关键人物，如寺院寺管会的负责人、旅行社的部门领导等，采取访谈的方式，对涉及大昭寺寺院旅游利益分配问题进行问答。

为了检验调查问卷设计的稳定性和可靠性，首先对这些问卷进行信度检验。采用检验问卷信度最常用的是 Alpha 信度系数法，考虑项目之间是否具有较高的内在一致性，即使用克朗巴哈信度系数法（Cronbach'α）来测量。一般来讲，Cronbach'α 系数大于 0.6 即表示可以接受，大于 0.7 即表示信度较好，大于 0.8 即表示信度非常好。问卷的信度检验结果见表 5 - 1。

表 5 – 1　问卷信度分析

量表名称	α 值
社区居民问卷	0. 749
游客问卷	0. 935
旅游纪念品经营者问卷	0. 745

由表 5 – 1 可知，社区居民问卷的 Cronbach'α 值为 0. 749，大于 0. 7，表明社区居民问卷的信度较好。游客问卷的 Cronbach'α 值为 0. 935，表明游客问卷的信度非常好，具有很好的内部一致性。旅游纪念品经营者问卷的 Cronbach'α 值为 0. 745，表明旅游纪念品经营者问卷也具有较好信度。由此我们可以看出，各问卷的信度都较好，内部一致性较高，问卷设计合理。

第三节　大昭寺旅游核心利益相关者的利益诉求及满意度

为了进一步认识和把握大昭寺旅游利益相关者的现状，对大昭寺的核心利益相关者进行深入分析，我们在利益诉求、利益实现情况等方面进行了调查，通过对调查结果的分析，获得大昭寺旅游核心利益相关者的利益诉求和满意度结果。

一　社区居民的利益诉求及满意度

为了得到社区居民在大昭寺旅游中获得的现实利益，以及他们的利益诉求及满意程度，我们设计的调查问卷包括以下内容：社区居民身份特征、对大昭寺旅游的态度、利益诉求、社区影响等问题。该问卷调查采取到社区居民家进行入户调查的方式，当场发放问卷、回答问卷、收回问卷。本次问卷调查共发放问卷 210 份，收回210份，有效问卷202份。利用SPSS软件对回收问卷的数据进行统计分析，获得以下结果。

（一）大昭寺周边社区居民的身份特征

通过对大昭寺周边社区的问卷调查我们可以发现：大昭寺周边社区的居民以藏族为主，占总数的85.1%；受教育程度不高，初中教育程度及以下的居民占50%；普遍信仰藏传佛教，信仰人数占调查总人数的85.1%；自营业和其他谋生方式为主，占56.4%（详见表5-2）。

表5-2　大昭寺周边社区居民的身份特征

身份特征	样本分布	样本数据	
		样本数	百分比（%）
性别	男	91	45.0
	女	111	55.0
年龄	15 岁以下	2	1.0
	15~24 岁	92	45.5
	25~34 岁	45	22.3
	35~44 岁	31	15.3
	45~59 岁	20	9.9
	60 岁以上	12	6.0
民族	藏族	172	85.1
	汉族	19	9.5
	其他民族	11	5.4
受教育程度	小学及以下	50	24.8
	初中	51	25.2
	高中/中专/技校	51	25.2
	大专	22	10.9
	本科	28	13.9
	硕士及以上	0	0
宗教信仰	藏传佛教	172	85.1
	无宗教信仰	20	9.9
	其他宗教	10	5.0

续表

身份特征	样本分布	样本数据	
		样本数	百分比（%）
职业	学生	33	16.3
	农民	15	7.4
	公务员	13	6.4
	教师	9	4.5
	工人	18	8.9
	自营业	62	30.7
	其他	52	25.7

资料来源：2012 年问卷调查统计结果。

（二）社区居民的利益诉求及满意度分析

通过调研及对问卷数据的分析，获得大昭寺周边社区居民对寺院旅游的利益诉求及满意度情况，具体内容如下。

1. 参与寺院旅游的愿望高，满意度低

调研数据显示，居民对于开展寺院旅游持支持态度，并非常愿意参与到寺院旅游活动中。在对"开展寺院旅游的态度"问题的回答中，持赞同或者非常赞同的人员占被调查对象的 78.7%，平均值为 3.77，标准差为 0.988。同时，占 70.3% 的被调查人员表示愿意参与寺院旅游，对"参与寺院旅游的态度"问题回答的平均值为3.63，标准差为 0.889（详见表 5 - 3）。

表 5 - 3　社区居民对寺院旅游的总体态度

题项	最大值	最小值	平均值	标准差
开展寺院旅游的态度	5	1	3.77	0.988
参与寺院旅游的态度	5	1	3.63	0.889

续表

选项	开展寺院旅游的态度		参与寺院旅游的态度	
	频次	百分比（%）	频次	百分比（%）
非常不同意/非常不愿意	10	5.0	8	4.0
不同意/不愿意	17	8.4	15	7.4
不清楚	16	7.9	37	18.3
同意/愿意	126	62.4	125	61.9
非常同意/非常愿意	33	16.3	17	8.4
合计	202	100.0	202	100.0

注：1 表示"非常不同意/非常不愿意"，2 表示"不同意/不愿意"，3 表示"不清楚"，4 表示"同意/愿意"，5 表示"非常同意/非常愿意"。

　　这说明大昭寺周边的社区居民十分支持开展寺院旅游，渴望参与到寺院旅游中，希望寺院旅游能够带来更多的就业机会。但是，社区居民实际参与寺院旅游的比例不高，近53%的被调查居民表示没有家人参与寺院旅游活动，只有占30.20%的被调查居民家庭是以旅游服务业为家庭主要收入来源（详见图5-3、图5-4）。

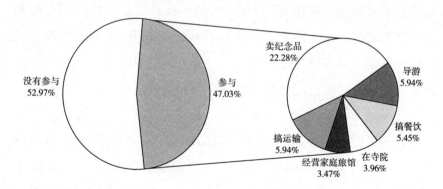

图5-3　大昭寺周边社区居民参与寺院旅游情况

　　导致这种情况的主要原因是：社区居民有效参与寺院旅游的途径和机会比较少。从调查的数据中可以看出，能参与寺院旅游的主

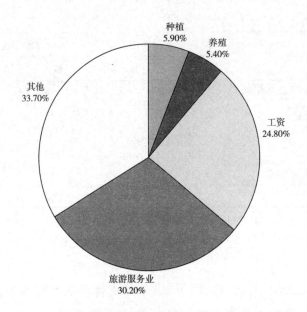

图 5 – 4　大昭寺周边社区居民家庭主要收入来源情况

要途径是从事旅游纪念品经营活动，这部分人占被调查对象的 22.28%。通过其他的途径参与寺院旅游中人数占比都非常小，采取其他各种途径的都在 6% 以下。大昭寺提供给社区居民的岗位和人员数量较少，在大昭寺内工作的社区居民仅有 42 人，主要从事保洁、工勤、保安等非技术性工作。极少的就业机会与广大社区居民强烈的参与寺院旅游的意愿形成鲜明的反差。

2. 从寺院旅游中获利的诉求高，满意度不高

社区居民对于寺院旅游抱有很高的期待，希望借此来提高收入。在对"寺院旅游带来经济收益"问题的回答中，平均值为 3.56，有占 62.9% 的被调查对象认为寺院旅游应该能够带来经济收益，表明他们对寺院旅游带来经济利益有较高的期待。但对于"对参与寺院旅游的收入满意度"问题的回答中，占 45.1% 的被调查者表示"不满意"或者"一般"，其平均值为 3.45，标准差为 1.037。

这一方面表明被调查对象对从寺院旅游中获利的满意度不高；同时也表明，被调查对象对收入的满意度差距很大。这是因为参与其中的满意度比较高，未能参与的满意度比较低，二者差距明显。在对"增加了个人和家庭的收入"问题的回答中，占44.5%的被调查者表示"不认同"或"不清楚"，平均值为3.30，标准差为1.057。这进一步说明，占相当数量的社区居民没有获得寺院旅游带来的经济利益，社区居民参与大昭寺旅游的程度低，对寺院旅游带来经济收入的满意度不高。

表 5 – 4　对大昭寺旅游带来的收入分析

题项	最大值	最小值	平均值	标准差
寺院旅游带来经济收益	5	1	3.56	0.976
对参与寺院旅游的收入满意度	5	1	3.45	1.037
增加了个人和家庭的收入	5	1	3.30	1.057

选项	带来经济收益		对参与寺院旅游的收入满意度		增加了个人和家庭的收入	
	频次	百分比（%）	频次	百分比（%）	频次	百分比（%）
非常不同意	10	5.0	9	4.5	12	5.9
不同意	17	8.4	29	14.4	41	20.3
不清楚	48	23.8	53	26.2	37	18.3
同意	103	51.0	84	41.6	98	48.5
非常同意	24	11.9	27	13.4	14	6.9
合计	202	100.0	202	100.0	202	100.0

注：1 表示"非常不同意"，2 表示"不同意"，3 表示"不清楚"，4 表示"同意"，5 表示"非常同意"。

调研中我们同时发现，现阶段大昭寺周边社区居民的整体收入水平不高，年收入为8000~16000元，占被调查对象的49%。这个收入低于拉萨市人均20428元的工资性收入，详见表5–5。说明大昭寺旅游对社区的带动作用不大，社区居民从中获得的利益十分有限。

表 5-5　大昭寺周边社区居民的收入情况

年收入	频次	百分比(%)
2000 元以下	24	11.9
2000～5000 元	24	11.9
5001～8000 元	33	16.3
8001～12000 元	56	27.7
12001～16000 元	43	21.3
16000 元以上	22	10.9

资料来源：2012 年问卷调查统计结果。

3. 对合理分配寺院旅游利益的诉求高，满意度低

调查发现，社区居民对合理分配大昭寺旅游收入的诉求高，但是对目前的利益分配的满意度不高。社区居民对"寺院旅游利益分配的合理性"问题回答的平均值为 3.26，标准差为 1.009，详见表 5-6；尽管占 46.5% 的被调查居民认为寺院旅游利益分配是合理的，但是也有过半的居民对此持不确定或否定的态度，这说明社区居民对利益分配的满意度不高，存在一定的疑虑。

表 5-6　社区居民对寺院旅游分配的合理性认知

选项		最大值	最小值		平均值		标准差
对寺院旅游收入的满意度		5	1		3.26		1.009
认知结构	选项	非常满意	满意	一般	不满意	非常不满意	合计
	频次	16	78	59	40	9	202
	百分比(%)	7.9	38.6	29.2	19.8	4.5	100

注：1 表示"非常不满意"，2 表示"不满意"，3 表示"一般"，4 表示"满意"，5 表示"非常满意"。

这是由于，社区居民认为寺院旅游收入主要由寺院和政府获得。对问卷分析结果表明，社区居民认为寺院和政府是寺院旅游利益的主要获得者。其中，有27.89%的居民认为大昭寺为主要获得者；有26.71%的居民认为政府为主要获得者；仅有占18.69%的居民认为社区居民为主要获得者（详见表5－7）。

表5－7　社区居民对寺院旅游收入的主要获得者的认知
（多选，N＝202）

选项	样本数（人次）	占总人数比重（%）	占总次数比重（%）
政府	90	44.55	26.71
寺院	94	46.53	27.89
居民	63	31.19	18.69
外来商人	56	27.72	16.62
其他	34	16.83	10.09
总计	337		100.00

4. 对参与寺院旅游服务的诉求高，满意度低

在调研中发现，由于社区居民的受教育程度比较低，缺乏专业技能，所以他们非常期望能够有机会参加旅游经营方面的培训和指导，以便能够较好地参与寺院旅游的经营、管理和服务。在对"参与寺院旅游的主要困难是什么"问题的回答中，排在第一位的是"不懂得经营或者服务的方法"，占被调查者的28.2%。此外，还有占16.9%的被调查者表示"不知道经营什么"（详见图5－5）。针对社区居民缺乏参与寺院旅游的技能问题，我们的调查发现目前社区内还没有针对性的培训和指导。

5. 有提高商品意识的诉求，满意度高

在藏族传统文化中"鄙商轻商"的思想比较严重，商品意识十分淡薄，面对市场经济的快速发展，有转变思想观念的愿望。调查

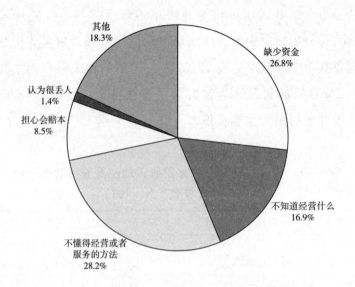

图 5 - 5　周边社区居民参与寺院旅游的主要困难

发现，大昭寺周边的社区居民对寺院旅游能够"提高人们的商品意识"的回答，平均值是 3.53。其中，回答"同意"或者"非常同意"的占 58.9%，说明多数被调查者对寺院旅游提高居民的商品意识表示肯定（详见表 5 - 8）。此外，对"增加居民与外界的交往，扩大眼界"回答的平均值为 3.77，其中回答"同意"或者"非常同意"的占 77.7%。

表 5 - 8　对社会影响的态度分析

题项	最大值	最小值	平均值	标准差
提高商品意识	5	1	3.53	0.909
增加居民与外界的交往，扩大眼界	5	1	3.77	0.950

选项	提高商品意识		增加居民与外界的交往，扩大眼界	
	频次	百分比(%)	频次	百分比(%)
非常不同意	5	2.5	6	3.0

选项	提高商品意识		增加居民与外界的交往,扩大眼界	
	频次	百分比(%)	频次	百分比(%)
不同意	22	10.9	22	10.9
不清楚	56	27.7	17	8.4
同意	98	48.5	124	61.4
非常同意	21	10.4	33	16.3
合计	202	100.0	202	100.0

注：1 表示"非常不同意",2 表示"不同意",3 表示"不清楚",4 表示"同意",5 表示"非常同意"。

6. 对改善生活条件的诉求强,对一些因素不够满意

据拉萨市的调查,2006 年生活在八廓街的本地居民已达到 8 万人,平均每平方米 17 人,人口密度很大,加上日平均来此旅游的 3 万游客,造成街区拥挤,本地居民和佛教信徒的正常朝拜活动都受到影响。同时,游客的休闲空间也很少。[1] 调查发现,社区居民对改善生活条件的诉求强烈。被调查的社区居民在大昭寺旅游对生活条件影响的回答情况是:对"改善了交通、通信、服务设施条件"的问题回答中的平均值为 3.59,标准差为 0.953,占 69.8% 的被调查对象对此予以认可;对"导致交通拥堵"问题的回答的平均值为 2.99,占 59.8% 的被调查者"不认同"或者"不确定"交通有恶化;对"导致居民生活环境下降"问题的回答的平均值为 2.57,占 74.3% 的被调查者"不认同"或"不确定"周边生活环境有下降的趋势。由此,我们可以看出,整体上社区居民对大昭寺旅游的开展、对改善生活环境的诉求在一定程度上得到了满足。

---

① 李婧:《八廓街:老街旅游如何更上一层楼?》,《中国文化报》2013 年 11 月 16 日,http://epaper.ccdy.cn/html/2013 - 11/16/content_ 111553.htm。

与此同时，调查中还发现社区居民对大昭寺旅游导致对某些生活方面影响的满意度不高。例如，对"导致物价上涨"问题的回答的平均值为3.16，占46.5%的被调查对象认为寺院旅游导致了物价上涨，如再加上持不确定的人数，就达到65.8%。占56.9%被调查对象对"导致贫富差距加大"的回答是"认可"或者"不确定"（详见表5-9）。

表5-9　对生活环境影响的态度分析

题项	最大值	最小值	平均值	标准差
改善服务设施	5	1	3.59	0.953
物价上涨	5	1	3.16	1.096
交通拥堵	5	1	2.99	1.102
生活条件下降	5	1	2.57	1.059
贫富差距加大	5	1	2.75	0.966

选项	改善服务设施		物价上涨		交通拥堵		生活条件下降		贫富差距加大	
	频次	百分比（%）	频次	百分比（%）	频次	百分比（%）	频次	百分比（%）	频次	百分比（%）
非常不同意	6	3.0	10	5.0	12	5.9	20	9.9	15	7.4
不同意	29	14.4	59	29.2	73	36.1	107	53.0	72	35.6
不清楚	26	12.9	39	19.3	36	17.8	23	11.4	71	35.1
同意	121	59.9	76	37.6	67	33.2	44	21.8	36	17.8
非常同意	20	9.9	18	8.9	14	6.9	8	4.0	8	4.0
合计	202	100.0	202	100.0	202	100.0	202	100.0	202	100.0

　　注：1表示"非常不同意"，2表示"不同意"，3表示"不清楚"，4表示"同意"，5表示"非常同意"。

二 游客的利益诉求及满意度

游客是旅游活动的主体，处在寺院旅游利益关系的核心地位。作为服务的对象，旅游者与其他利益相关者的核心利益是异质的。旅游者追求的核心利益更多地表现为对宗教文化体验的要求。旅游者通过付出时间、费用、精力和离开自己常住地后产生的陌生、不适等心理代价，享受旅游体验过程中的各种服务，获得旅游利益。旅游者的经济利益主要体现在对旅游产品的品质和价格的要求上。

游客是大昭寺旅游的主体，是大昭寺旅游收入的主要来源。为此，游客感知和满意度是大昭寺旅游持续、稳定发展的关键。课题组通过问卷调查，获得大量相关数据，以此为依据对大昭寺旅游的游客认知和满意度进行分析。按照随机发放问卷、当场回答问卷、收回问卷的方法，本次调查共发放问卷400份，收回400份，有效问卷392份。对问卷调查的数据分析结果如下。

（一）大昭寺游客的身份特征

为了全面地掌握大昭寺游客的身份特征，从游客的性别、年龄、民族、职业、受教育程度和宗教信仰等方面进行了调查，分析结果如下。

1. 对游客性别的选择性不明显

大昭寺旅游的游客中，男性占50.3%，女性占49.7%，男女游客的比例基本持平。说明大昭寺旅游对游客的性别的选择性不大。

2. 以中青年游客为主

对游客年龄构成的调查中，把游客划分成几个年龄段，发现：大昭寺游客的年龄主要集中在15～34岁，这一年龄段的游客所占的比例为71.7%；其次是35～59岁，这一年龄段的游客所占比例为25.5%。两个年龄段的游客合计占97.2%，说明大昭寺游客的年龄构成以中青年为主。

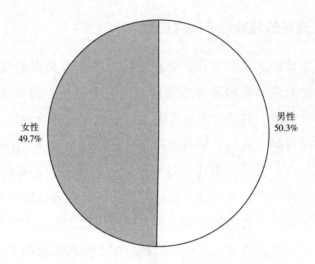

女性
49.7%

男性
50.3%

图 5 - 6   大昭寺游客性别特征

表 5 - 10   大昭寺游客的年龄构成

指标	样本分布	样本数据	
		样本数	百分比（%）
年龄	15 岁以下	5	1.3
	15～24 岁	152	38.8
	25～34 岁	129	32.9
	35～44 岁	51	13.0
	45～59 岁	49	12.5
	60 岁及以上	6	1.5

大昭寺游客的年龄特征表明：西藏距离主要旅游市场遥远，路途比较辛苦，特殊的高原环境，特别是高原缺氧给游客的身体带来某些影响，在一定程度上限制了青少年、老年以及身体条件不够好的游客的数量。

3. 游客的受教育程度比较高

被调查游客中，本科生以上学历的游客占 58.7%，拥有大专学历的游客占24.0%，二者共计占82.7%。初中以下学历的游客只占3.5%（详见表5-11）。

表5-11 大昭寺游客的受教育程度

指标	样本分布	样本数据	
		样本数	百分比(%)
受教育程度	研究生	40	10.2
	本科	190	48.5
	大专	94	24.0
	中专/职校/技校/高中	54	13.8
	初中	8	2.0
	小学及以下	6	1.5

这说明藏传佛教文化内涵丰富，寓意深刻，只有具有较高文化素质的游客才能对宗教景观及其寓意有一定的认知和理解。因此，大昭寺旅游对受教育程度较高的游客的吸引力更大。

4. 以无宗教信仰的游客为主

调查发现：游客中无宗教信仰的占62.8%，信仰藏传佛教和佛教的游客占30.4%，其他信仰的游客比重非常少（详见表5-12）。

表5-12 大昭寺游客的宗教信仰情况

指标	样本分布	样本数据	
		样本数	百分比(%)
宗教信仰	藏传佛教	59	15.1
	佛教	60	15.3
	道教	10	2.6
	伊斯兰教	4	1.0
	基督教	6	1.5
	其他宗教	7	1.8
	无	246	62.8

这说明，来大昭寺旅游以无宗教信仰的游客为主，他们的主要目的是认识和了解宗教文化，而信仰藏传佛教和佛教的游客以朝圣为目的，兼有游览的行为。

（二）游客的行为特征分析

为了获得游客在大昭寺旅游的行为特征情况，设计了"您本次选择的出游方式""旅游费用的来源""您在大昭寺旅游的时间""您的主要消费项目""您的消费金额"五个方面的问题，对调查结果的分析如下。

1. 以自助游为主

统计结果表明，来大昭寺旅游的游客中自助游游客占63.5%，跟团游的游客占29.1%，半自助游的占7.4%，详见表5–13。

表5–13　大昭寺旅游的游客出游方式

选项	样本数	百分比(%)
跟团	114	29.1
自助游	249	63.5
半自助游(旅行社代订机票或宾馆)	29	7.4

这一结果主要由两个方面的因素造成。第一，为了便于问卷调查，课题组选择在大昭寺广场及周边休息的游客为调查对象。由于团队游客在导游的导引下采取集体活动方式，基本上没有时间在大昭寺广场及周边逗留。第二，随着西藏旅游的发展，游客的消费行为日益成熟，走马观花式的大众旅游逐渐被个性化、自由度高的自助游代替，自助游和半自助游的游客逐渐增加。

2. 以自费游为主

被调查游客中占91.3%的为自费游，公费和半公费游占的比重都很低，不足5%，详见表5–14。

表 5 – 14　大昭寺旅游费用来源

选项	样本数	百分比(%)
自费	358	91.3
公费(单位组织)	16	4.1
半自费半公费(出差顺便旅游)	18	4.6

由于西藏的经济不够发达，经贸活动不够活跃，公务旅游和商务旅游比重小；独特的高原环境，不适宜大型会议的举办，会议旅游的比重不高。

3. 游客的游览时间比较短

被调查的游客中，占 86.7% 的游览时间在 2 小时以下；3 ~ 4 小时的占 10.7%。这一方面是由于大昭寺旅游以观光游为主，游客只能采取走马观花式的旅游方式，对宗教文化只能获得粗浅的认知和体验。另一方面，大昭寺内殿堂密集，室内环境封闭、活动空间狭窄，长时间停留会导致身体的不适。

表 5 – 15　大昭寺旅游游客游览时间

选项	样本数	百分比(%)
1 小时以下	78	19.9
1 ~ 2 小时	262	66.8
3 ~ 4 小时	42	10.7
5 ~ 6 小时	6	1.5
6 小时以上	4	1.0

4. 旅游费用支出以门票为主

从游客的消费情况调查得知，消费金额为 51 ~ 100 元的占 46.7%；101 ~ 200 元的占 17.6%。调查期间为旅游旺季（7月），大昭寺的门票为 85 元，除去门票费用外，游客的其他消费很少，详见表 5 – 16。

表5-16　大昭寺旅游花费的统计量

花费金额(元)	样本数(个)	百分比(%)
50 以下	64	16.3
51～100	183	46.7
101～200	69	17.6
201～300	31	7.9
301～500	19	4.8
501～1000	15	3.8
1000 以上	11	2.8

从游客的消费构成看出，用于门票的占47.02%，购买旅游纪念品的占21.03%，布施的占17.55%（详见表5-17）。

表5-17　大昭寺游客的旅游消费结构（多选，N=389）

消费项目	样本数(人次)	总人数百分比(%)	总次数百分比(%)
门票	284	73.01	47.02
纪念品	127	32.65	21.03
导游	41	10.54	6.79
布施	106	27.25	17.55
其他	46	11.83	7.62
总计	604		100.00

（三）游客在大昭寺旅游中的利益诉求及满意度

对游客在大昭寺旅游中的利益诉求及满意度分析包括：旅游景观、服务质量、旅游购物和旅游产品四个方面，分析结果如表5-18、5-20、5-21、5-22所示。

表 5 – 18　游客对大昭寺旅游景观的满意程度

题项	选项	最小值	最大值	平均值	标准差
景观质量	寺院建筑及装饰	1	5	4.21	0.917
	佛像	1	5	4.29	0.902
	壁画	1	5	4.14	1.027
	唐卡	1	5	4.10	1.033
	宗教氛围	1	5	4.45	0.896
	信众的虔诚	1	5	4.54	0.783

注：1 表示"很不满意"，2 表示"不满意"，3 表示"一般"，4 表示"满意"，5 表示"很满意"。

1. 对景观品质的要求高，满意度高

由于目前大昭寺仅有观光游产品，所以游客对大昭寺宗教旅游景观的期待和诉求都比较高。调查发现，首先，游客对大昭寺各项宗教景观的满意度均超过 4。尤其是对"信众的虔诚"和"宗教氛围"的满意度分别为 4.54 和 4.45，说明游客对上述两项非常满意。其次，游客对大昭寺的"佛像""寺院建筑及装饰"的满意度得分为 4.29 和 4.21，且标准差都在 1 以内，说明游客对这两项也比较满意。最后，游客对大昭寺"壁画""唐卡"的满意度得分为 4.14 和 4.10，说明游客的满意度也比较高。

从大昭寺门前磕长头的人，大昭寺内叩拜、布施和祈祷的信众，围绕大昭寺的八廓街上川流不息的转经的人流等，看出藏传佛教信众的虔诚。从大昭寺独特的宗教建筑、寺内殿堂里供奉着的众多佛像、常明的酥油灯闪烁的灯光和散发的特殊的味道以及虔诚的信众等，感受到浓郁的宗教氛围。从千姿百态的佛像中，获得对释迦牟尼佛和藏传佛教众神灵和高僧大德的敬畏、崇拜的感受。从寺院的建筑布局、宏大的建筑体量及融汉、藏、唐，以及尼泊尔、印度建筑风格为一体的建筑中，领会佛教曼陀罗坛城的宇宙观，享受宗教建筑的艺术魅力。从壁画和唐卡中，获得对宗教知识和思想的认识与理解，以及宗教精神与藏画艺术的艺术美感。

2. 对旅游服务的诉求高，满意度比较高

游客对旅游服务的诉求包括硬件和软件两方面。在硬件方面，游客需要完善的旅游服务设施，如游览环境、卫生设施、休息设施、购物条件等；在软件方面，需要良好的旅游活动管理和高质量的导游服务。调查发现，游客对于旅游服务的诉求比较强烈，认为大昭寺的旅游服务有必要进一步完善。

首先，对旅游硬件服务的调查，包括旅游线路的合理性、灯光的合适度、空气的适宜度、声音的嘈杂度、道路的平整度、游客的密集度、休息设施的完善度、卫生设施的完善度、安全设施的完善度等方面。调查结果显示，游客对大昭寺旅游服务设施的满意度比较高，但对"卫生设施的完善度""游客的密集度""休息设施的完善度""空气的适宜度"这四方面，满意度都在 3.5 以下，标准差在 1 以上。这说明游客对这几方面旅游服务设施的满意度不是很高，且存在较大差异。

表 5–19　游客对大昭寺旅游服务设施的满意程度

题项	选项	最小值	最大值	平均值	标准差
旅游服务设施	旅游线路的合理性	1	5	3.67	1.097
	灯光的合适度	1	5	3.50	1.164
	空气的适宜度	1	5	3.29	1.306
	声音的嘈杂度	1	5	3.53	1.211
	道路的平整度	1	5	3.74	1.041
	游客的密集度	1	5	3.42	1.135
	休息设施的完善度	1	5	3.40	1.149
	卫生设施的完善度	1	5	3.46	1.183
	安全设施的完善度	1	5	3.85	1.045

注：1 表示"很不满意"，2 表示"不满意"，3 表示"一般"，4 表示"满意"，5 表示"很满意"。

一方面，游客对大昭寺旅游服务设施满意度差别明显，是游客的差异性所致。对于内地来的普通游客而言，他们把大昭寺作为旅游景点来对待，用现代旅游景点的服务设施标准来衡量大昭寺的服务设施，感到很不满意；但是，对于来自西藏或是其他藏区的游客而言，由于他们具有一定的宗教信仰，熟悉寺院环境，习惯传统的寺院设施，未用旅游景点的服务设施标准来衡量大昭寺，所以没有不便的感觉。另一方面，普通游客对大昭寺的旅游服务设施满意度不是很高的原因有很多。首先，大昭寺地处高原，空气稀薄；殿堂内的空间狭小，游人信众众多、加上酥油灯散发的热量和特殊味道，会使游客的不适感增强，甚至有些喘不过气来。其次，旅游服务设施缺乏。寺内休息设施缺乏，没有供游人休息的椅子、凳子，游客累了只能靠在墙边或是席地而坐；旅游旺季游人非常多，游览的人流摩肩接踵，在主要殿堂，管理人员不停地催促游人加快脚步，以免造成过度拥堵；寺内的卫生间少，且条件简陋，没有抽水马桶和洗手池，苍蝇比较多。

对大昭寺旅游服务质量的满意度调查，包括门票价格、服务人员的服务态度、服务人员的服务质量、导游的态度、导游的质量等方面。分析结果如下：游客对"门票价格"的满意度平均值为3.27；对"服务人员的服务态度""服务人员的服务质量"的满意度平均值都在3.5以下。游客对导游的态度、导游的质量的满意度的平均值为3.57。由此可见，游客对大昭寺旅游服务质量的整体满意度比较高，但是差异明显，主要表现为普通内地旅客与藏区游客之间的满意度差异。详见表5-20。

表5-20　游客对大昭寺旅游服务质量的满意度

题项	选项	最小值	最大值	平均值	标准差
服务质量	门票价格	1	5	3.27	1.239
	服务人员的服务态度	1	5	3.39	1.142
	服务人员的服务质量	1	5	3.43	1.117
	导游的态度	1	5	3.57	1.167
	导游的质量	1	5	3.57	1.158

注：1表示"很不满意"，2表示"不满意"，3表示"一般"，4表示"满意"，5表示"很满意"。

普通内地游客对大昭寺旅游服务质量评价不高的原因如下。第一，由于大昭寺没有专门的寺院导游，游客接触的导游为旅行社带团的导游。这些导游绝大多数为来自内地的年轻人，他们对藏传佛教知识了解得不够多，对藏民族文化体验得不够深入，讲解多是背诵导游词，不够生动、形象和准确。第二，由于寺院各殿堂空间狭窄、游人众多，导游为了让游客听清楚，借助扩音器大声讲解，团队之间相互干扰，导游效果不理想。第三，大昭寺内除了卖票和检票的服务人员外，各殿堂均由僧人看管。这些僧人常常坐在殿堂的某个角落里注视着游客，或是拿着经书翻看，或是偶尔给佛像前的酥油灯加些酥油等，没有为游客提供讲解、引导等服务。第四，大昭寺旅游旺季的门票为85元，是西藏门票价格最高的寺院，这对于来自发达的东部地区的游客而言并不觉得高，而对于来自欠发达的中、西部地区的游客来说就显得有些高。特别是寺院未对游客提供必要的服务设施和服务，所以一些游客认为大昭寺的门票价格过高。

　　3. 购买旅游纪念品的偏好明显，满意度一般

　　通过调研了解到，在大昭寺旅游过程中，很多游客期望能购买相关的旅游纪念品，尤其是对于"开光"过的纪念品情有独钟。但是，调查数据显示，游客在旅游购物方面的满意度较低。从表5-21中可以看出，"商品价格""商品特色""购物环境""商品质量"这四项的满意度平均值都在3.5以下。其中，游客对大昭寺旅游商品价格和质量的满意度最低，仅为3.08。同时，这些选项的标准差都大于1，这说明不同游客之间存在较大的差异（详见表5-21）。

　　调查发现，游客对购买纪念品满意度不高的原因表现为：第一，大昭寺的旅游商品营销是由寺院僧人集资兴办，获得的收入由僧人自行分配，导致对商品的质量和价格等方面的管理不够规范，没有按照国家物价局颁布的《关于商品和收费实行明码标价制度的规定》，实行明码标价；第二，大昭寺没有开发具有寺院特征的旅

表 5 – 21　游客对大昭寺旅游购物的满意度评价

题项	选项	最小值	最大值	平均值	标准差
旅游购物	商品价格	1	5	3.08	1.169
	商品特色	1	5	3.46	1.184
	购物环境	1	5	3.26	1.119
	商品质量	1	5	3.08	1.179

注：1 表示"很不满意"，2 表示"不满意"，3 表示"一般"，4 表示"满意"，
5 表示"很满意"。

游纪念品，商品的式样和质量与外面摊位上的差别不大，但是价格
比外面的高很多。

4. 观光产品的满意度比较高，宗教文化体验性略低

调查发现，目前大昭寺只有观光游产品，缺少体验型旅游产
品，在一定程度上不能满足一些游客希望体验到多样化旅游产品的
消费需求。问卷调查结果显示，游客对观光游的满意度较高，为
3.71，标准差为 1.060。由于缺少宗教文化体验游产品，在旅游活
动过程中只有个别可参与的宗教文化活动项目，如转经、添酥油灯
等，难以满足有更多宗教文化体验需求的游客（详见表 5 – 22）。

表 5 – 22　游客对大昭寺旅游产品的满意度

题项	选项	最小值	最大值	平均值	标准差
产品	观光游	1	5	3.71	1.060
	宗教文化体验游	1	5	3.64	1.207

注：1 表示"很不满意"，2 表示"不满意"，3 表示"一般"，4 表示"满意"，
5 表示"很满意"。

由此可见，目前大昭寺的观光游比较成熟，但是宗教文化体验
游类型的旅游产品缺失。因此，对宗教文化体验的感知和满意度不
及观光游。未来，大昭寺需要进一步开拓宗教文化体验游的项目，

使游客不仅能获得藏传佛教文化知识，观赏到藏传佛教艺术瑰宝，也能够深层次地感受藏传佛教文化深厚的文化内涵。

三 旅游纪念品经营者的利益诉求及满意度

为了获得旅游纪念品经营者在大昭寺旅游中的利益诉求及满意度情况，我们通过对旅游纪念品经营者问卷调查和个别访谈，获得相关数据资料。具体做法是：2012 年，对大昭寺周边八廓街的商户逐一进行入店调查，对店外摊位商贩逐一进行摊前调查。但是，由于一些经营者比较忙，无暇顾及我们的调研，或是一些商户和摊贩由于语音障碍或是受文化程度的限制难以完成问卷调查，所以本次共发放问卷 200 份，收回 200 份，有效问卷 178 份。问卷调查采取当场回答问卷并收回的方式。

（一）旅游商品经营者的身份特征

通过调查发现，在大昭寺周边从事经营活动的商贩中，有73.21% 以销售旅游纪念品为主，从事其他经营活动的人很少。旅游商品经营者的身份特征具有以下特点。

1. 男性略多于女性

在本次调查结果中，经营者的男性比例大于女性，男性占58.4%，女性占41.6%（见表 5 - 23）。具体表现为：以租赁店铺形式进行经营的以男性为主，以租赁摊位进行经营的男性和女性比例相差不大。租赁店铺经营的商品的品质和价格都比较高，商品类型比较单一，经营者的实力相对强。

表 5 - 23　大昭寺周边旅游商品经营者的性别构成

身份特征	样本分布	样本数据	
		样本数	百分比(%)
性别	男	104	58.4
	女	74	41.6

2. 以中青年为主

调查结果表明：大昭寺周围旅游商品经营者的年龄主要为 15 ~ 44 岁，其中 15 ~ 24 岁的人群占 28.7%；25 ~ 34 岁的人群占 33.7%；35 ~ 44 岁的人群占 25.8%。三个年龄群体的分布较为平均（见表 5 – 24）。

一方面，由于在旅游旺季游人非常多，游客来自不同的国家和地区，招揽生意工作不仅非常繁忙，而且需要一定的语言表达能力和销售经验，青年人具有一定优势；另一方面，对于租赁摊位的经营者，在拉萨强烈的日照和较高的温度下，经营活动十分辛苦，再加上高原反应等自然限制因素，导致商品经营者以体能好、素质水平较高的中青年为主。

表 5 – 24　大昭寺周边旅游商品经营者的年龄构成

身份特征	样本分布	样本数据	
		样本数	百分比(%)
年龄	15 岁以下	0	0
	15 ~ 24 岁	51	28.7
	25 ~ 34 岁	60	33.7
	35 ~ 44 岁	46	25.8
	45 ~ 59 岁	20	11.2
	60 岁及以上	1	0.6

3. 受教育程度普遍偏低

调查发现大昭寺周围旅游商品经营者的受教育程度比较低。其中初中文化的占 37.6%，高中层次的占 33.7%，小学及以下的占 15.7%，三者加起来占 87.0%（见表 5 – 25）。

表 5 - 25　大昭寺周围旅游商品经营者的受教育程度

身份特征	样本分布	样本数据	
		样本数	百分比(%)
受教育程度	小学及以下	28	15.7
	初中	67	37.6
	高中/中专/技校	60	33.7
	大专	14	7.9
	本科	9	5.1
	硕士及以上	0	0

4. 以西藏昌都及其他地区的康巴藏族为主

调查发现，大昭寺周边旅游商品经营者来自祖国各地，其中以西藏自治区的为主，占 52.8%；其次来自甘肃的比较多，占 18.5%；再次为四川（见表 5 - 26）。

表 5 - 26　大昭寺周围旅游商品经营者的身份特征

身份特征	样本分布	样本数据	
		样本数	百分比(%)
户籍所在省区	西藏	94	52.8
	青海	5	2.8
	四川	11	6.2
	云南	6	3.4
	河南	1	0.6
	陕西	2	1.1
	甘肃	33	18.5
	其他	26	14.6

资料来源：2012 年问卷调查统计结果。

通过访谈发现，尽管西藏本地的经营者占绝大多数，但是他们大多来自西藏昌都以及云南、四川、青海的康巴地区，大昭寺周边社区的居民和拉萨当地的人并不多。这是由于受传统的藏族文化中轻商观念的影响，卫藏和安多地区的藏族人一般不愿意从事商业活动。随着改革开放和市场经济环境的影响，藏族的思想观念发生了改变，但是轻商的观念并未全部消除。所不同的是，康巴藏族就善于做生意，这是由于历史上"茶马古道"贸易活动活跃，康巴人有更多接触商品活动的机会。

（二）旅游商品经营者对大昭寺旅游的认知

为了获得旅游商品经营者对大昭寺旅游的认知，设计有关主要消费对象、经营活动与大昭寺旅游的关系、经营的主要商品等问题，回答情况如下。

1. 销售对象主要是旅游者

绝大多数旅游商品经营者认为他们的"销售对象是旅游者"，回答的平均值是 3.72，标准差为 1.155。其中，满意和非常满意的占 71.9%，不满意和非常不满意的占 15.8%（见表 5 - 27）。

表 5 - 27　旅游商品经营者对销售对象的认同

选项		最大值	最小值			平均值		标准差
销售对象是旅游者		5	1			3.72		1.155
认知结构	选项	非常满意	满意	一般	不满意	非常不满意		合计
	频次	44	84	22	17	11		178
	百分比(%)	24.7	47.2	12.4	9.6	6.2		100

出现上述情况是因为，每个经营者经营的商品种类不同，尽管绝大多数为旅游纪念品，他们的销售对象是游客，但是也有一些经营服装、唐卡、宗教用品等商品的，他们的销售对象主要是信众和当地的居民。

2. 对经济活动靠寺院旅游带动的认同度不高

调查发现，绝大部分旅游商品经营者认同自己的"经营活动靠大昭寺旅游带动",平均值为3.40,标准差为1.144。其中,非常满意和满意的占56.7%,认为关系不大的占23.6%,不满意和非常不满意的占19.7%(见表5－28)。

表5－28 旅游商品经营者对大昭寺旅游带动作用的认同

选项		最大值	最小值		平均值		标准差
经济活动靠大昭寺旅游带动		5	1		3.40		1.144
认知结构	选项	非常满意	满意	一般	不满意	非常不满意	合计
	频次	23	78	42	20	15	178
	百分比(%)	12.9	43.8	23.6	11.2	8.4	100

由于八廓街是拉萨著名的历史商业街区,每位到拉萨的游客基本上都要来这里游览、购物。因此,八廓街商业活动与西藏旅游的发展关系更为密切。但是,部分日用品经营者的销售对象为居民。

3. 对"主要经营宗教性商品"的认同度低

旅游商品经营者对销售商品的宗教性的认同度低,平均值为2.99,表示不认同;标准差为1.198,说明认同度差别很大。其中,非常满意和满意的占42.2%,非常不满意和不满意的占38.2%(见表5－29)。

表5－29 旅游商品经营者对经营宗教商品的认同

选项		最大值	最小值		平均值		标准差
主要经营宗教性商品		5	1		2.99		1.198
认知结构	选项	非常满意	满意	一般	不满意	非常不满意	合计
	频次	14	61	35	48	20	178
	百分比(%)	7.9	34.3	19.7	27.0	11.2	100

这表明：旅游商品的种类多，游客通常更喜欢购买一些具有西藏地域特色、民族特色、比较时尚的商品，而不是单纯的宗教纪念品。

（三）旅游纪念品经营者的利益诉求及满意度

通过对问卷数据的分析，结合访谈内容，获得旅游纪念品经营者对寺院旅游的利益诉求及满意度情况，具体内容如下。

1. 获得旅游收益的诉求强烈，满意度低

获得满意的经营收益是经营者的主要目标。但是，通过调查发现，旅游纪念品经营者"对自己的经营收入较满意"问题的认同度仅为3.07，标准差为1.120。其中，占49%的被调查者对收入情况持"不满意"或"不确定"的态度，表明旅游纪念品经营者的整体满意度较低，内部差距较大。对"竞争激烈，收入偏低"问题回答的平均值为3.87，标准差为0.982，有75.8%的商品经营者认为"竞争激烈，收入偏低"（详见表5－30）。

表5－30　旅游商品经营者对经营收入的满意度分析

题项	最大值	最小值	平均值	标准差
对自己的经营收入较满意	5	1	3.07	1.120
竞争激烈,收入偏低	5	1	3.87	0.982

选项	提高商品意识		增加交往,扩大眼界	
	频次	百分比（%）	频次	百分比（%）
非常不同意	22	12.4	6	3.4
不同意	32	18.0	13	7.3
不确定	33	18.5	24	13.5
同意	90	50.6	91	51.1
非常同意	1	0.6	44	24.7
合计	178	100.0	178	100.0

通过对大昭寺周边旅游纪念品经营者年收入水平的调查，也反映出类似情况。年收入在 2 万～5 万元的经营者占被调查者总数的36.0%，年收入在 5 万～10 万元的经营者占被调查者总数的24.2%，年收入在 10 万元以上的经营者占被调查者总数的 6.2%（见表 5－31）。这说明，绝大多数旅游纪念品经营者的收入偏低，只有少数人的收入比较高。

表 5－31 大昭寺周边商品经营者的收入

身份特征	样本分布	样本数据	
		样本数	百分比（%）
年收入	5000 元以下	15	8.4
	5000～1 万元	19	10.7
	1 万～2 万元	26	14.6
	2 万～5 万元	64	36.0
	5 万～10 万元	43	24.2
	10 万元以上	11	6.2

资料来源：2012 年问卷调查统计结果。

调查发现，旅游纪念品经营者收入偏低的原因是多方面的，反映问题比较多的是以下几个方面：第一，店铺与摊位之间的竞争激烈。2013 年之前，八廓街的商业布局方式为"前摊后店"，即摊位在店铺的前面摆放。由于摊位位置靠前，更容易招揽游客，而且摊位商品的价格比店铺的低，导致店铺的生意不如摊位的好。第二，同质问题突出。由于销售的旅游纪念品雷同，品质不高，价格也比较低，只有依靠销售量来增加利润。第三，恶意竞争问题突出。调研时商贩们反映最多的是一些导游为了获得购物回扣，不给游客留购物时间，并声称这里的商品多为假冒伪劣，然后把游客带到有回扣的销售点。第四，商品的种类、商品的性价比和经营者的经营行为，对收入的影响比较大。对长期在此经营的商户而言，良好的口碑的确会带来更多的消费者和好的收入，游客对旅游纪念品的"西藏特色""民族特色""收藏价值""纪念价值"关注度比较高。

2. 对降低经营成本的诉求比较高，满意度不高

旅游纪念品经营者希望通过降低经营成本获得理想经济收入的诉求比较高。具体诉求为：在对"各种费用过高"问题的回答中，有占51.7%的表示"认同"或"非常认同"，其平均值为3.25。对"政府适当补贴"问题的回答中，占46.6%的表示"认同"或"非常认同"，其平均值为3.38（详见表5-32）。

表5-32　对降低费用，增加补贴等认同程度分析

题项		最大值	最小值		平均值		标准差
各种费用过高		5	1		3.25		1.256
政府适当补贴		5	1		3.38		1.238
选项		非常不认同	不认同	不确定	认同	非常认同	合计
各种费用过高	频次	14	40	32	64	28	178
	百分比(%)	7.9	22.5	18	36.0	15.7	100
政府适当补贴	频次	19	17	59	43	40	178
	百分比(%)	10.7	9.6	33.1	24.1	22.5	100

上述分析结果表明：在政府主导型的民族地区旅游开发战略指导下，政府投入对旅游业发展具有不可替代的作用；在市场经济欠发达的民族地区，由于市场开拓能力和产品开发能力都比较弱，为了获得满意的经济收益，人们把目光集中在降低成本上。也正是经营者的创新意识不强、创新能力不强，再加上长期以来形成的等、靠、要思想，导致旅游纪念品经营者对政府适当补贴的期待很高，满意度不高。

3. 对加大政府投入的诉求强烈，满意度不高

调查发现，旅游商品经营者对"政府对旅游的投入不够"的认同度平均值为3.32，标准差为1.083。其中，"同意"和"非常同意"的占47.8%，态度"不清楚"的占30.9%，只有占21.4%的表示"不同意"和"非常不同意"。在对"服务设施不够完善"问题的回答中，平均值为3.26，标准差为1.153，有53.9%的被调查者认为旅游服务设施不够完善（详见表5－33）。

表5－33　旅游商品经营者对"政府对旅游的投入不够"的认同

题项	最大值	最小值	平均值	标准差
政府对旅游的投入不够	5	1	3.32	1.083
服务设施不够完善	5	1	3.26	1.153

选项		非常同意	同意	不清楚	不同意	非常不同意	合计
政府对旅游的投入不够	频次	22	63	55	29	9	178
	百分比(%)	12.4	35.4	30.9	16.3	5.1	100
服务设施不够完善	频次	18	78	30	40	12	178
	百分比(%)	10.1	43.8	16.9	22.5	6.7	100

通过访谈了解到，旅游纪念品经营者对政府投入感到不足，要求强烈，认为：第一，政府在维护旅游纪念品销售市场的公平性方面还不够，恶意竞争问题未得到有效解决，在经营者中造成不好的影响；第二，对商铺设置、摊位建设方面的投入不够，认为相关部门管理的多，投入建设的少；第三，对厕所、休息场所等公共服务设施建设的投入不够，给经营者和游客带来很多不便，希望在完善已有的公共服务设施的基础上，新建一批高质量的服务设施。

4. 对政府主导作用的发挥有很高的期待

对调查数据的分析表明，旅游纪念品经营者对政府的期望主要集中在："旅游政策影响""商业街的合理规划""旅游宣传力度"。其中，对"旅游政策影响"的认同度最高，平均值为3.72，持有"非常认同"和"认同"意见的占65.7%。另外，在对"商业街的合理规划"问题的回答中，持"非常认同"和"认同"的占61.2%，平均值达到3.69。在对"旅游宣传力度"问题的回答中，持"非常认同"和"认同"的占55.1%，平均值为3.47（详见表5-34）。

表5-34 对政策保障、规划、宣传等认同程度分析

题项	最大值	最小值	平均值	标准差
旅游政策影响	5	1	3.72	1.243
旅游宣传力度	5	1	3.47	1.213
商业街的合理规划	5	1	3.69	1.148

选项		非常不认同	不认同	不确定	认同	非常认同	合计
旅游政策影响	频次	15	16	30	59	58	178
	百分比(%)	8.4	9	16.9	33.1	32.6	100
旅游宣传力度	频次	13	29	38	58	40	178
	百分比(%)	7.3	16.3	21.3	32.6	22.5	100
商业街的合理规划	频次	11	14	44	59	50	178
	百分比(%)	6.2	7.9	24.7	33.1	28.1	100

由此可以看出：第一，旅游纪念品经营者对政府在旅游发展中的作用给予充分的肯定和期待；第二，由于良好的政策保证，合理的商业区规划，对旅游纪念品经营有更直接的影响，所以给予了更高的期待，从另一个角度说明，目前旅游纪念品经营者对上述两个

方面还有一些不满意之处；第三，尽管对政府加强旅游宣传、扩大旅游影响也有较高的期待，但是由于旅游宣传对增加旅游收入的影响比较间接，所以期望值略低。

四 寺院的利益诉求及满意度

大昭寺作为宗教组织开展旅游经营活动，有别于一般旅游景点景区。那么，大昭寺的主要利益诉求是什么？满意度如何呢？

（一）大昭寺的旅游收益

通过实地调查了解到，目前大昭寺共有僧人 102 位，除 4 位年老多病的僧人外，其余僧人全部参与寺院旅游的管理和服务。在旅游旺季，僧人的工作时间从上午 9 点到下午 5 点。

2011 年，大昭寺的旅游收入占寺院总收入的 93.78%，旅游收入已经成为大昭寺最主要的收入来源。旅游收入中以门票为主，门票收入占旅游总收入的 97.51%。除门票外，大昭寺旅游收入还包括游客的布施、游客购物、为游客提供导游服务等几项。

（二）大昭寺的利益诉求及满意度分析

通过与大昭寺寺管会领导、僧人代表等进行深入访谈，同时结合参与式观察，获得有关大昭寺的利益诉求及满意度相关数据和资料，分析结果如下。

1. 保证宗教基本需求的诉求高，满意度高

作为宗教组织，大昭寺的首要利益诉求是满足宗教活动开支及僧人的日常学习和生活开支，这是保证宗教组织的存在和发展，以及行使宗教组织的宗教职能的前提和保证。从收入支出情况看，大昭寺的宗教基本需求支出比例最高。按照《宗教活动场所财务监督管理办法》中的规定，大昭寺的宗教性支出包括：僧人工资，金顶、度母等修缮，慰问支出中的僧人和家庭慰问、去内地参观学

习、帮扶和扶贫慰问等，占总支出的48.65%。①尽管基本支出占比较高，但是从2011年的收入支出情况看，扣除总支出数额，大昭寺财务还有相当大数额的结余。说明通过经营寺院旅游，大昭寺不仅完全满足了寺院基本需求，实现了"以寺养寺"，而且有较大的资金结余。

2. 传承和保护宗教文化的诉求高，满意度不高

宗教组织对宗教文化的保护可分为两个方面，一是对宗教文化的传承；二是对宗教文化遗产的保护。作为宗教组织，传承和保护藏传佛教文化是大昭寺的根本诉求。

首先，在宗教文化的传承中，对宗教人才的培养尤为重要。对于大昭寺而言，加强对僧人的培养、教育，尤其是年轻僧人的教育、培训，是大昭寺对宗教文化传承的关键。但是，在大昭寺的收入支出中并未对僧人的教育、培训、文化交流等项目的支出情况进行统计。估计是大昭寺在该类活动的支出比较少，所占比例低。

其次，保护宗教文物是传承宗教文化的另一个重要任务。在《宗教活动场所管理条例》中明确规定："被列为文物保护单位或者位于风景名胜区内的宗教活动场所，应当按照有关法律、法规的规定，管理、保护文物和保护环境，并接受有关部门的指导、监督。"通过调查了解到，对大昭寺内大规模的文物修缮和保护都是由国家统筹的；小规模的、经常性的保护和修缮，由寺院自筹资金。2011年，尽管大昭寺用于文物保护方面的支出占总支出的35.89%，比重较大，但是，大昭寺对宗教文物保护的满意度并不高。一方面，是由于大昭寺历史悠久，寺藏文物不仅数量多，而且价值高，这些文物历经千年，需要保护和修缮的资金数额大。另一

---

① 2012年调研访谈资料。

方面，在相当一个历史时期内，缺乏资金，在宗教文物保护和修缮方面的欠账比较多，导致目前寺院在日常文物保护、修缮方面的压力仍比较大。

3. 提高门票价格的诉求比较强，未得到满足

调查中发现，大昭寺及其他被调查寺院都有提高寺院门票的诉求。寺院管理委员会的人员认为：首先，西藏的宗教文化旅游资源独特，历史悠久，具有极高的观赏价值。与内地的一些宗教景点的门票相比，西藏寺院景点的门票普遍偏低。正如大昭寺寺管会副主任所说，"（首先）大昭寺是世界级的景点，展示的都是真正的文物，也是国家级的重点文物保护单位，其与汉地的一些寺院景区动辄上百元的门票价格比起来，现在的门票价格不高"。[①] 其次，提高门票价格，可以增加寺院收入，有助于进一步促进大昭寺的建设和发展，更好地维护寺院整体环境，提升大昭寺的旅游设施水平及旅游服务能力。对于"提高多少合适"，大昭寺寺管会副主任表示提高到 100 元比较合适。但是，由于针对寺院门票是否涨价的问题存在较大的分歧，调查中发现部分游客认为门票比较贵，所以大昭寺提高寺院门票价格的诉求一直未能实现。

五 地方政府的利益诉求及满意度

通过对西藏自治区旅游局、八廓街道办事处、西藏自治区文物局、西藏自治区民宗委等部门的深入访谈及材料搜集，获得政府对寺院旅游利益分配的诉求及满意度。归纳为以下几个方面。

（一）对发展地方经济的诉求高，满意度高

通过发展旅游业来带动地方经济的增长，无疑是当地政府的重要诉求。对于西藏而言，独特的高原环境和复杂的社会历史背景，

---

① 2012 年调研访谈资料。

导致西藏的经济基础薄弱，发展水平落后于全国平均发展水平，特别是广大农牧区的人民生活有待提高，僧尼的生活条件有待改善。因此，西藏自治区政府把旅游业列为西藏的五大支柱产业之一。对于大昭寺所在地政府而言，同样希望通过寺院旅游的开展来带动当地的经济发展。

寺院旅游的开展吸引大量游客进入，这不仅可以直接获得门票等收入，还带动了当地交通运输、餐饮、住宿、娱乐等相关行业的发展，促进当地的经济增长，提高政府的税收。据统计，到2012年，旅游业对拉萨市地区经济的贡献率已经达到25.18%，对地方经济起到了非常大的促进作用（详见图5-7）。可见，无论是对拉萨市还是对大昭寺所在的城关区而言，寺院旅游的开展都为当地经济注入了活力。

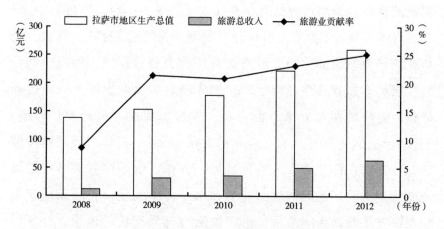

图5-7 拉萨市地区生产总值及旅游总收入情况

资料来源：《拉萨市国民经济和社会发展统计公报》。

（二）对促进社区发展的诉求高，满意度不高

促进社区经济文化的发展是当地政府面临的重大民生问题。在对拉萨市城关区八廓街道的调研中，八廓街道办事处相关领导表

示：希望通过大昭寺旅游的开展，提升大昭寺周边社区居民的就业水平，使社区社会经济文化得到全面发展。但是实际情况却不容乐观。据八廓街道办事处主任介绍，2011年八廓街道的城镇居民年可支配收入为6900元，而拉萨市城镇居民人均可支配收入为17654元，八廓街周边社区居民年人均可支配收入只为拉萨市城镇居民平均水平的39.08%。目前，八廓街道有低保户1172人，占2011年该区域内常住人口数的5.45%。①

　　造成社区经济发展相对滞后的原因主要有以下几方面。首先，老城区发展空间狭窄。大昭寺周边社区为传统老城区，从20世纪80年代起，虽经过数次改造使当地居民逐渐告别了喝井水、用旱厕、点蜡烛的历史，但随着旅游、宗教和商贸活动日益频繁，外来人口增多，老城区街巷显得狭窄拥挤，市政基础设施滞后的状况依然存在。正如八廓街道办事处主任所说，"老社区（的人）自己都住不过来，（外来人口增加）导致环境更加拥挤"。其次，受传统的轻商思想的影响，以及缺乏经营头脑等原因，相当一部分社区居民不愿意从事经营活动，把从政府那里低价租来的商店和摊位，高价转租给外来经商人员。据八廓街道办事处主任介绍，"转租出去的达90%，自己经营的大概10%"。社区居民的这种做法，一方面直接造成收入偏低，另一方面，由于没有从事旅游服务和管理活动，他们的经营能力和水平得不到提高，难以适应市场经济发展的需要。最后，由于缺乏与外界交流的机会，社区居民的思想相对封闭保守，影响居民素质水平的提高。

　　（三）对保护历史建筑及宗教文物的诉求高，满意度较高

　　对当地政府而言，保护寺院历史建筑及宗教文物的诉求很高。西藏寺院有着巨大的历史、文化和宗教价值，承载着藏民族的历史

---

① 2012年调研访谈资料。

记忆，蕴含着丰富的藏民族宗教文化。目前，西藏有 29 个寺院被列为全国重点文物保护单位，占西藏寺院总数的 49.15%；有 69 个寺院被列为西藏自治区级文物保护单位，占总数的 45.39%。[①] 自 20 世纪 80 年代起至"十一五"期末，国家对西藏文物维修的总投入已近 13 亿元。单"十一五"期间国家就投入 5.7 亿元实施西藏文物维修保护工程，对包括大昭寺在内的 22 处文物保护单位进行保护性维修。[②] 而在"十二五"期间，国家用于西藏文物保护的资金达 17 亿元。[③]

从现阶段来看，政府对保护寺院历史建筑及宗教文物诉求满意度高。其主要体现在两个方面：第一，通过寺院旅游，大昭寺获得旅游收入，使其有能力对寺院文物进行日常修缮和维护。在大昭寺 2011 年的支出统计中，修缮费支出达到 1079.15 万元，占大昭寺总支出的 35.89%。2012 年大昭寺对文物修缮和保护上的投入预算达到了 2000 万元。[④] 通过寺院旅游，大昭寺有能力通过自身力量对寺院建筑及文物进行日常保护，使寺院历史建筑及宗教文物在良好的日常维护中长久地保存下去。第二，政府的文物保护资金投入取得良好效果。如，于 2014 年完成的大昭寺金顶维修工程，在一、二期工程中，西藏自治区、拉萨市以及大昭寺共同筹措资金 4400 余万元对总面积达 3743 平方米的金顶进行了维修。维修后的大昭寺金顶排除了裂缝、房梁腐朽等险情，重放光彩，吸引了大量游客前

①　根据各批次《国务院关于公布全国重点文物保护单位名单的通知》及《西藏自治区文物局关于公布自治区级文物保护单位名单的通知》整理而得。
②　《拉萨大昭寺文物本体维修工程竣工投资近两千万》，新华网，http：// news. xinhuanet. com/2011 – 06/23/c_ 121573580. htm。
③　《西藏"十二五"期间用于文物保护的资金将达 17 亿元》，中央政府门户网站，http：//www. gov. cn/gzdt/2011 – 12/01/content_ 2008351. htm。
④　2012 年调研访谈资料。

来拍照留念。① 于 2011 年完成的大昭寺文物保护维修工程，国家投入 1817 万元，在遵守"修旧如旧、保持原状"的文物维修原则下，从根本上排除了木构架歪闪、变形、断裂、虫蛀等建筑险情，有效地保护了珍贵的寺院历史文化遗产。②

六　对大昭寺旅游利益相关者诉求和满意度的综合分析

通过对大昭寺各核心利益相关者的利益诉求及满意度的分析，可以清楚地看到，大昭寺旅游对地方社会经济的发展起到了积极的推动作用，各利益相关者均获得了比较满意的收益。但是在某些方面，利益相关者的利益诉求并没有得到充分满足，寺院旅游利益分配还存在不合理的问题，具体分析如下。

（一）寺院旅游带来多方利益

旅游活动具有综合性特点，通过旅游活动的开展，可以有效地带动相关产业的发展，也为相关从业人员带来就业机会。作为独特的旅游活动，寺院旅游亦可使各个利益相关者获取收益。

通过对大昭寺核心利益相关者利益诉求及满意度的研究，我们可以清楚地看到大昭寺旅游带来的多方利益。首先，对于寺院而言，随着寺院旅游的开展，寺院通过门票、布施、寺内旅游购物等方式获得旅游收入，使寺院能够满足自身的各项支出，实现"以寺养寺"，同时向众多游客宣传了藏传佛教文化。其次，对于寺院周边的居民而言，寺院旅游也在一定程度上为居民带来收益，如，使居民有机会参与旅游纪念品经营，有机会获得寺院内旅游服务岗位，增加居民与外界交往、提高居民商品意识等。再次，对于游客

---

① 《大昭寺金顶维修竣工总面积 3743 平方米》，人民网，http：//culture. people. com. cn/ n/2014/1030/c87423 - 25936760. html。

② 《西藏自治区大昭寺文物保护维修工程已顺利竣工》，中央政府门户网站，http：// www. gov. cn/gzdt/2011 - 06/09/content_ 1880172. htm。

而言，通过西藏寺院旅游可以领略到西藏藏传佛教丰富的历史文化、宏伟的藏式宗教建筑、精巧的宗教艺术、令人震撼的宗教氛围等。这些为游客带来深刻的旅游记忆，满足游客对西藏寺院旅游的利益诉求。复次，对旅游纪念品经营者而言，随着寺院旅游的发展、游客的增加，其切切实实地获得了旅游经营收入。最后，对于地方政府而言，通过寺院旅游的开展，提升当地旅游业绩，带动当地社会经济的发展；促进寺院历史建筑及宗教文物保护；促进当地居民和外界的交流，有利于实现当地社会的和谐稳定。

（二）寺院是最直接的受益者

尽管寺院旅游涉及多个相关利益主体，但是从目前的寺院旅游经营管理模式看，寺院是寺院旅游最直接的受益者。第一，寺院是寺院旅游开展的物质载体。寺院旅游不仅以寺院的宗教文化资源为吸引物，而且为寺院旅游开展提供活动空间。第二，寺院旅游的经营管理由寺院负责，旅游收入由寺院获得。第三，寺院的旅游服务全部由僧人负责，僧人以此获得生活补贴。

就大昭寺旅游而言，大昭寺是最直接的受益者。大昭寺的建筑及装饰、佛像、壁画、唐卡、宗教氛围等高质量的旅游景观深深地吸引着游客，并使游客感到满意。此外，大昭寺内的旅游活动都由大昭寺自身进行经营管理，旅游收入分配由僧人负责，住寺干部仅起监督作用。目前，大昭寺的 102 位僧人中，除 4 名 80 岁以上的僧人外，其他僧人都参与寺院旅游的服务和管理。僧人的旅游接待工作从早上 9 点到下午 5 点关门为止。因此，在大昭寺旅游活动中，无论是从旅游吸引物，还是从旅游活动开展基本形式与内容来看，大昭寺都成为寺院旅游最直接的受益者。

（三）寺院旅游利益分配具有多层次性

寺院旅游呈现出利益分配的多层次性，其主要表现在以下三方面：利益相关者之间的利益分配、核心利益相关者之间的利益分配、作为直接利益获得者的寺院内部利益分配。

首先，利益相关者之间的利益分配。寺院旅游的开展，带动了相关行业的发展，如住宿业、餐饮业、娱乐业、商业、交通运输业、通信、保险等。各个利益相关者在寺院旅游活动中从自身利益出发，争取利益的最大化，导致相互之间的利益博弈。其次，核心利益相关者之间的利益分配。寺院旅游涉及多个核心利益相关者，每个核心利益相关者都有自己的利益诉求。比如，在大昭寺旅游中，大昭寺作为宗教组织主要是为了满足宗教活动及日常开支、传承和保护宗教文化等；居民为了增加就业机会、提高收入和加强与外界的交往等；游客作为旅游整体，为了领略高质量的景观、获得深刻的旅游体验、享受完善的旅游服务等；旅游纪念品经营者获得经营收入、降低经营成本等；政府为发展地方经济、维护地方稳定、保护历史建筑及宗教文物等。最后，作为直接利益获得者的寺院内部利益分配，主要是僧人之间的利益分配。如，大昭寺内部僧人之间的旅游利益分配主要是按照进寺的时间长短，将僧人的生活补贴分成四个档次。"一是，和平解放前进寺的，即4位80岁以上的元老；二是，改革开放宗教政策落实后第一批进寺的（1970～1980）；三是，改革开放宗教政策落实后第二批进寺的（1985）；四是，改革开放宗教政策落实后第三批进寺的（1988）。然后90年代里也进了一些人，归类在四部分里。"[1] 将四类僧人分成不同的等级分配生活补贴。"在500到1000元之间，年长的多一点"。[2]

（四）利益分配不均，差距大

通过分析西藏寺院旅游的整体情况及大昭寺旅游核心利益相关者的利益诉求及满意度，我们可以发现西藏寺院旅游存在利益分配

---

① 2012 年调研访谈资料。
② 2012 年调研访谈资料。

不均、差距大的问题。其主要表现在各个核心利益相关者之间的利益分配不合理，差距较大。

首先，对于寺院而言，寺院是寺院旅游的主要经济利益获得者。寺院旅游收入归寺院所有，使得寺院成为旅游中最大的受益者。而且由于寺院还享受免收经营所得税等国家优惠政策，因此，经营管理中获得的经济收益比一般的景点更大。

其次，对于大昭寺周边的社区居民而言，寺院旅游带来的经济收入十分有限。在大昭寺旅游中，可以发现居民有很高的参与积极性，但是实际的参与程度却比较低。这一方面是由于寺院旅游未能为社区居民提供比较多的可供选择的就业机会；另一方面是寺院与社区居民之间信仰与被信仰的关系，导致居民难以主动参与到寺院旅游管理和服务中。加之社区居民的受教育程度低，参与寺院旅游服务和管理的能力有限。上述因素导致社区居民未能从寺院旅游中获得明显的利益，却承受着因寺院旅游活动带来的物价上涨、环境质量下降等负面影响。

再次，对于旅游纪念品经营者而言，寺院旅游收益偏低。在大昭寺旅游中，作为旅游纪念品经营者，其有获得高额旅游收益的诉求，但是实际收入水平不高，收入满意度低。转租来的摊位费用高，导致经营成本高；商品雷同、不正当竞争等，导致商品价格不高。此外，销售点、店铺和摊位比较多，游客的消费能力有限，购物需求不足，在供需两方面不利因素作用下，使得旅游纪念品经营者的获利空间有限。

复次，对于游客而言，作为寺院旅游的主体和消费者，尽管在旅游体验上得到一定的满足，但是在旅游服务、旅游购物、旅游产品多样性等方面的需求还未能得到充分满足。

最后，对于政府而言，虽然通过大力发展寺院旅游起到对地方经济的整体带动作用，但是在促进社区发展方面的效果不显著，居民收入水平偏低。

（五）利益主体间缺乏平等的话语权

通过调研可以发现，在寺院旅游开展的过程中，由于各个核心利益主体分属不同行业，在寺院旅游中扮演不同的角色，以及宗教地位和社会角色的不同，他们在寺院旅游利益分配中的话语权并不平等。

具体到大昭寺旅游，我们不难发现：首先，寺院作为寺院旅游经营、管理者，在寺院旅游中具有较高地位；寺院作为被信仰的对象，具有绝对高的宗教地位，这就使得寺院在寺院旅游利益分配中享有绝对话语权。其次，游客作为寺院旅游活动的主体、寺院旅游的消费者，既是寺院旅游经济的输入者同时也是利益获得者，因此在寺院旅游利益分配中具有较高的话语权。再次，政府在寺院旅游发展中处于主导地位，可以发挥指导、监督和协调的作用，因此在寺院旅游利益分配中享有较高的话语权。复次，旅游纪念品经营者是寺院旅游的参与者，与寺院旅游联系紧密，在寺院旅游分配中具有一定的话语权。最后，周边社区及居民是寺院旅游发展的基础，是寺院旅游负面影响的承受者，应该享有绝对话语权。但是社区居民多为信众，对寺院怀有崇拜、敬仰的心理，使得其在心理和行为上都处于被动状态。再加上社区居民受教育程度低、参与寺院旅游的意识和能力都比较弱，导致在寺院旅游利益分配中的话语权非常微弱。

由此可以看出，在寺院旅游核心利益相关者间缺乏平等的话语权，寺院拥有的话语权最高，游客和政府拥有较高的话语权，旅游纪念品经营者拥有一定的话语权，社区居民的话语权最弱。

第六章　构建合理的西藏寺院
旅游利益分配机制

通过对西藏寺院旅游利益分配情况的调查、分析，结合对大昭寺旅游利益相关者的利益诉求和满意度的研究，我们清楚地看到，西藏寺院旅游收入不平衡，寺院之间、寺院与社区之间、寺院与其他利益相关者之间的收入差距扩大；寺院旅游利益分配不够合理，相关利益者的利益诉求得不到满足，满意度低；寺院旅游收入分配管理等问题比较突出。这些问题从表面上看是经济问题，但是从深层次看是社会问题，还会引发政治问题。由于寺院特殊的宗教地位和信众虔诚的宗教信仰，寺院旅游利益分配不均的问题尚未引发明显的矛盾冲突，但是随着寺院旅游的不断发展，收入差距的日益扩大，势必引起相关利益主体之间矛盾的加深，以致引发不和谐问题。为此，构建合理的西藏寺院旅游利益分配机制极为重要。

第一节　寺院旅游利益分配机制的内涵和判断标准

构建合理的西藏寺院旅游利益分配机制，旨在通过构建一套合理的分配制度和分配方法，以平衡寺院之间、寺院与社区之间、寺院与其他利益相关者之间的利益分配，激发每个相关利益主体的积极性和创造性。在充分发挥寺院作为宗教组织的积极社会功能，保护和传承宗教文化的同时，满足旅游者对宗教文化的消费需求。

一　寺院旅游利益分配机制的内涵

"机制"，在现代汉语词典中被解释为：泛指一个系统中各元素之间的相互作用的过程和功能。从管理学视角出发，"机制"就是制度化了的方法。它包含以下几个方面的内容：首先，机制是经过实践检验证明有效的、较为固定的方法；其次，机制是在有效的方法基础上，进行一定的加工，使之系统化、理论化，并能有效地指导实践；最后，机制本身含有制度的因素，并且要求所有相关人员遵守。

"分配机制"中的"机制"一词的外延，可以理解为分配结构或分配关系，也可以理解为分配领域自身运行的一种方式或者达到目的的途径。[①] "利益分配机制"是在一定的分配制度下为实现一定的利益分配目标而采取的方法和途径。合理的利益分配机制，是能够公平、科学地分配利益，使人们的利益分配关系保持和谐，从而有利于社会和谐发展的利益分配、协调机制。

建构合理的西藏寺院旅游利益分配机制，就是在全面考虑相关利益主体的基础上，使利益分配制度更加公平、科学、经济的方法和途径。寺院旅游收入状况取决于两个基本因素：一是寺院旅游发展水平差异，必然反映在收入差距上；二是制度因素，其中最基础的制度因素是寺院内部、寺院之间、寺院与社区之间的分配关系。分配关系不会直接决定收入水平，但会直接或间接影响收入水平和

---

① 常兴华、徐振斌、李伟等：《促进形成合理的居民收入分配机制研究》（总报告），《经济研究参考》2010 年第 12 期，第 2~30 页。

收入结构的变化。只有形成合理的利益分配机制，分配制度才能得到保障，才能实现寺院旅游利益的合理分配。

二 合理的寺院旅游利益分配机制标准

根据和谐社会与和谐寺庙的内涵及其标准，我们认为，藏传佛教寺院旅游合理的利益分配机制，就是能够公平、合理、科学地分配利益，使各相关利益者的利益保持相对平衡，从而有利于寺院、社区及整个社会。为此，衡量西藏寺院旅游利益分配机制的合理性，应当考察以下几个方面的问题。

（一）该种机制是否有利于寺院和寺院旅游的健康发展

寺院是信教群众进行宗教活动、满足宗教生活需要的场所，是宗教教职人员履行教职、潜心修持、从事宗教研究、服务信教群众的场所。开展旅游活动的寺院成为旅游者认识和理解宗教文化，获得宗教审美的地方。在保证寺院的宗教职能的基础上，在寺院文物古迹不遭受破坏的前提下，满足游客的需求的分配机制才是合理的。

（二）该种机制是否有利于发挥寺院作为宗教组织的积极社会功能

西藏是一个宗教氛围浓厚、宗教信仰虔诚的地区，寺院作为宗教组织在对信教群众进行心理抚慰、开展社会公益事业和促进宗教文化传承和保护等方面发挥着重要作用。只有有利于发挥寺院作为宗教组织的积极社会功能的分配机制才是合理的。

（三）该种机制是否能够调动各相关利益主体的积极性

寺院旅游涉及寺院、社区居民、旅游经营者、地方政府等多个利益主体，每个利益主体扮演不同的角色，对利益的诉求也不尽相同。合理的寺院旅游利益分配机制应该是在尽可能满足相关利益主体利益诉求的基础上，调动他们的积极性、主动性和创造性。

第二节　构建合理的西藏寺院旅游
利益分配机制的意义

西藏寺院旅游在促进地方经济发展，给一些寺院带来可观的经济利益的同时，也拉大了寺院与社区之间、寺院与寺院之间、寺院内部僧人之间的收入差距，导致相关利益主体对西藏寺院旅游的利益诉求得不到满足，满意度低。为此，构建公平、合理、科学的寺院旅游分配机制不仅能够缩小西藏寺院旅游相关利益主体之间的收入差距，也能够更好地发挥各利益主体的积极性和创造性。

一　合理的利益分配是西藏寺院旅游可持续发展的基础

寺院旅游涉及多个利益相关主体。通过对大昭寺旅游调查和分析发现：相关利益主体除了大昭寺外还包括地方政府、大昭寺周边的社区居民、旅游企业（包括旅游商品经营、酒店、餐饮、旅行社和旅游交通）、旅游者等。在寺院旅游发展中，各利益主体相互影响、相互作用形成一个有机整体。寺院旅游的可持续发展不仅需要寺院对游客的吸引，而且需要周围社区营造良好的旅游环境；不仅需要对寺院景点科学、合理的经营和管理，而且需要政府、社区居民、旅游企业的支持和配合。

构建合理的寺院旅游利益分配机制，就是根据各相关利益主体在寺院旅游中发挥的作用，在公平、公正原则的基础上，使各相关利益主体的利益得到关照，从而激发每个利益主体的积极性和创造性，避免利益分配中的不均和矛盾冲突，保持相互之间的和谐稳定，只有这样，西藏寺院旅游才能得到持续、健康发展。

二　寺院旅游是发挥宗教的积极社会功能的关键

寺院旅游是围绕寺院宗教文化开展的旅游活动，合理的利益分配机制使寺院和相关利益主体获得相应的利益，更有利于宗教组织发挥社会、经济、文化等多方面的社会功能。

寺院既是宗教组织活动和信众获得宗教体验的场所，也是发挥佛教好善乐施、大慈大悲、止恶扬善、心灵抚慰、环境保护等积极社会功能的地方。通过寺院旅游这一方便之门，不仅能很好地展示宗教文化的博大精深，宣传宗教中的积极思想内容，达到启发人们的心灵，提升人们的思想境界和道德情操，增长知识、开阔视野的目的，而且通过寺院旅游达到增加寺院收入，改善僧人的学习和生活条件，增加文物古迹和生态环境保护的投入，发挥宗教扶贫济困作用等积极的社会功能。

三　寺院旅游是实现西藏社会经济和谐发展的重要途径

寺院旅游利益分配问题不是单纯的经济现象和经济问题，它涉及宗教、社会、政治、文化等多个方面和多个利益主体的关系。因此，寺院旅游利益分配的合理与否在一定程度上会对西藏社会的和谐产生重要影响。

西藏社会经济的和谐发展需要稳定的政治环境、良好的经济运行机制和富足的人民生活。西藏位于我国的西南边陲，地理位置独特，战略意义重大。独特的高原环境和复杂的社会历史背景导致西藏的经济基础薄弱，发展水平落后于全国发展水平，特别是广大农牧区的人民生活有待提高，僧尼的生活条件有待改善。藏传佛教在西藏拥有深厚的历史基础、广泛的社会影响。合理的寺院旅游利益分配机制，不仅能够更好地平衡寺院之间、寺院与社区之间以及各相关利益主体之间的关系，发挥带动地区经济发展的作用，而且有助于树立和维护宗教组织和僧尼在广大信众和群众中良好的形象，发挥宗教组织的积极社会功能，更好地传播和传承藏传佛教文化。

四 寺院旅游是建设和谐社会、和谐寺庙的需要

（一）和谐社会

中国共产党第十六届中央委员会第四次全体会议正式提出了"构建社会主义和谐社会"的概念。"和谐社会"，就是社会系统中的各个子系统、各种要素处于一种相互依存、相互协调、相互促进的状态。从马克思主义的观点来看，社会的和谐，既包括稳定、协调，又高于稳定、协调，它是社会稳定和协调的理想状态；既体现公平，又促进效率，它是公平和效率的统一；既包含社会发展的动力机制，又包含社会发展的平衡机制，它是社会发展动力机制与平衡机制的统一；既是一种价值目标，又是一种不断推进的现实的历史过程，是价值目标和社会历史过程的统一。[①]

和谐社会包括人与人、人与社会、人与自然之间的和谐。经济关系是各种社会关系的基础，因此社会经济关系的和谐也是整个社会和谐的基础，而社会成员间经济利益的公平与和谐则是社会经济关系和谐的核心和根本保证，因而社会成员间经济利益的和谐程度在一定程度上决定了社会的和谐程度。把经济关系的和谐更加具体化就是人与人之间利益关系的平衡。

构建社会主义和谐社会是中国共产党从全面建设小康社会，开创中国特色社会主义事业新局面的全局出发提出的一项重大任务。改革开放以来，我国的社会主义经济建设取得了巨大成就。与此同

---

① 刘长秋：《论和谐的利益分配机制及其在我国的建构》，杭州普法网，http：//www.law‑lib.com/hzsf/lw_ view.asp？no＝7051。

时，我们也面临着挑战和困难，其中最突出的问题就是因经济利益分配失衡导致的城乡之间、区域之间、行业之间、阶层之间的收入差距过大，并进而引发的一系列社会矛盾和冲突。因此，妥善协调各方面的利益关系，实现经济利益分配的和谐，是我们构建社会主义和谐社会的基础。

2005 年以来，中国共产党提出将"和谐社会"作为执政的战略任务，"和谐"的理念要成为建设"中国特色社会主义"过程中的价值取向。"民主法治、公平正义、诚信友爱、充满活力、安定有序、人与自然和谐相处"是和谐社会的主要内容。

（二）和谐寺观教堂

2009 年 3 月，为了深入贯彻十七大精神，全面贯彻落实科学发展观，进一步发挥宗教界人士和信教群众在促进经济社会发展中的积极作用，按照 2009 年全国宗教工作会议的精神，国家宗教事务局提出《关于开展创建"和谐寺观教堂"活动的意见》。创建活动的指导思想：着力健全体制机制、完善规章制度，着力理顺关系、化解矛盾、维护稳定和睦，切实把创建活动与我国社会不断发展进步的形势相结合，与提高宗教活动场所管理水平相结合，与增强宗教教职人员综合素质相结合。"和谐寺观教堂"的基本标准是：爱国爱教、知法守法、团结稳定、活动有序、教风端正、管理规范、安全整洁、服务社会。[①] 在基本标准的基础上，针对不同宗教和教派还提出具体要求。针对藏传佛教提出，维护藏区社会和谐稳定，积极引导藏传佛教与社会主义社会相适应；实行民主管理，重要寺务由管理组织集体讨论决定；各项规章制度完善，落实措施得力；遵守国家财务和会计制度等具体要求。

---

① 《关于开展创建"和谐寺观教堂"活动的意见》，国家宗教事务局网，http：//www.sara.gov.cn/ztzz/2012aqn/2012aqnwj/16224.htm。

根据创建"和谐寺观教堂"和"和谐寺庙"活动的要求，我们不难发现，"和谐寺庙"有三个方面的含义：寺庙内部团结融洽，僧团之间和合无诤，僧团与信教群众关系和睦，积极弘扬佛教和平、和谐、圆融的精神，促进社会和谐。要创建和谐寺庙，除了在思想上进一步增强中华民族意识、国家意识、法制意识、公民意识，还要健全寺庙管理体制，加强寺院的管理，其中，加强寺庙资产管理，平衡利益关系是重要内容。

　　为了全面贯彻党的宗教工作基本方针，加强和创新寺庙管理，调动广大僧尼爱国守法积极性，健全藏传佛教寺庙管理长效机制，维护正常宗教秩序和寺庙和谐稳定，2011年10月，根据中共中央办公厅、国务院办公厅印发的《关于建立健全藏传佛教寺庙管理长效机制的意见》和西藏自治区有关文件精神，西藏自治区党委、政府决定在全区范围内开展和谐模范寺庙暨爱国守法先进僧尼评选活动。提出"开展和谐模范寺庙暨爱国守法先进僧尼创建评选活动，深化法制宣传教育，健全寺庙管理体制，建立规章制度，依法管理寺庙，规范寺庙活动，加强寺庙资产管理，健全社会保障体系，强化僧尼管理，严格管理寺庙外来人员，确保寺庙和谐稳定。增强寺庙和僧尼参与加强和创新寺庙管理的自觉性和主动性，在寺庙进一步营造爱国爱教、遵规守法的良好氛围，团结绝大多数僧尼，孤立打击极少数分裂分子，使寺庙僧尼成为政治上靠得住、宗教上有造诣、品德上能服众的宗教教职人员，健全寺庙管理长效机制，积极引导宗教与社会主义社会相适应"①。

---

①　西藏自治区党委统战部、西藏自治区民宗委：《模范寺庙爱国守法僧尼评选意见》，中国西藏新闻网，http：//www.chinatibetnews.com/zhengwu/2011/1128/818695.shtml。

第三节　藏传佛教寺院的属性和职能

任何社会组织都具有特定的属性和职能，扮演不同的社会角色，发挥不同的作用。寺院作为宗教组织的基本单位，不仅具备宗教组织的特点，还要发挥宗教组织的社会作用。为此，明确寺院的根本属性和基本职能是构建合理的寺院旅游分配机制的前提，才能更科学、合理地认识和分析寺院旅游和利益分配问题。

有关宗教和宗教组织的属性问题，中央领导和学者都有过相关阐述。1980 年 12 月 19 日，李维汉在中央统战部的部务会议上对自己的宗教观进行了 13 点概括，其中的第三条和第四条分别为："宗教是一定的社会生活，必须有相应的宗教活动场所"，"宗教有五性：群众性、民族性、国际性、复杂性、长期性"。① 1996 年，时任中央统战部部长的王兆国同志在纪念李维汉同志诞生一百周年座谈会上讲话指出："在宗教问题上，李维汉同志指出，我国的宗教具有五个特性，即群众性、长期性、国际性、复杂性，在一部分少数民族中还有民族性。"这是对李维汉同志提出的宗教"五性说"的充分肯定。说明宗教不仅仅是一种世界观和精神力量，也是一种长期和普遍存在的社会力量、社会系统、社会群体，它与社会生活诸多领域交织在一起，是社会整体网络的有机组成部分。李维汉在强调尊重和保护宗教信仰自由的同时，就强调了信教公民要爱国守法，国家也要管理寺庙的问题。"国家对寺庙要不要管理？宗教信仰对国家是私事，但是政府的政策、法令（包括宗教信仰自由政策），任何公民、任何团体都要遵守，寺庙也不例外。所以政

---

① 《历次全国统战工作会议概况和文献》，档案出版社，1988，第 432～433 页。

府要从政策法律上加以管理和检查督促。在遵守政府政策、法律的条件下，寺庙内部的管理可以由宗教人员实行民主自治，形式不求一律。"①

一 寺院的属性、职能和功能

"属性"是有关对象的性质与对象之间关系的统称。本质属性是决定一事物之所以成为该事物而区别于其他事物的属性。"职能"是指人、事物、机构所应有的作用。从人的职能角度讲，是指一定职位的人完成其职务的能力；机构的职能一般包括机构所承担的职权、作用等内容。"功能"是指事物或方法所发挥的有利作用。根据上述三个概念，寺院的属性就是寺院区别于其他场所或组织的特性；寺院的职能是寺院应有的作用；寺院的功能是寺院发挥积极的作用。

（一）寺院的属性

寺院作为宗教活动的场所是宗教组织的基本单位。按照《社会团体登记管理条例》第二条关于社会团体的界定，社会团体是指中国公民自愿组成，为实现会员共同意愿，按照其章程开展活动的非营利性社会组织。

从有关学者对宗教组织的定义中界定宗教组织的属性。吕大吉认为，所谓"宗教组织是宗教信仰者在其中过宗教生活、进行宗教活动的机构、团体、社会或其他形式的群体"。"任何宗教团体和宗教组织本质上都是共同宗教信念或宗教信仰的产物，而组织形式则是它的表现形式并为之服务"。② 戴康生和彭耀提出"宗教组织是一种与统一的宗教信仰目标与行为体系相联系的、共同遵照一定的

---

① 李维汉：《统一战线问题与民族问题》，人民出版社，1981，第648页。
② 吕大吉：《宗教学通论新编》，中国社会科学出版社，1998。

制度规范的信奉者所结成的社会群体"①。时光、王岚认为："宗教组织是宗教群体内宗教徒的相互结合及其结构，是在特定的宗教目标下构成的完成特定宗教任务的专门性集团，它包括宗教徒在其中进行宗教活动的机构、团体、会社、社区及其他形式的团体。"② 龚平认为："组织是人们构建出来实现某种特定目标的社会群体。组织除了具有明确规定的特定目标以外，一般说来组织还典型地具有劳动分工、权力的集中、成员关系经常变化的特征……宗教组织是社会组织的一种类型，——信仰型社会组织 FBO（Faith-Based Organizations）。宗教组织是由信教者构成的、具有某种特定的宗教信仰与仪式的并共同遵守一定的制度与规范的社会组织，它是宗教得以在社会上存在的载体，宗教仪式和宗教符号都是宗教组织的象征。"③

按照《社会团体登记管理条例》第二条关于社会团体的界定，社会团体是指中国公民自愿组成，为实现会员共同意愿，按照其章程开展活动的非营利性社会组织。寺院属于民间非营利性组织，是独立的民事主体。所谓民间性即非政府性，是指社会成员根据自己的利益、愿望和追求自愿结合而成的组织，它们既不是政府机构，也不是政府的下设机构。所谓非营利性是指不以营利为目的，不得以社会团体自身的名义直接从事营利性经营活动，而是为其成员或社会提供服务。另外，寺院是一个宗教性质的社会团体，它是由宗教教职人员和信教群众参加的爱国爱教的联合组织或教务组织，是党和政府联系、团结、教育宗教界人士和信教群众的桥梁，具有协助党和政府贯彻执行宗教信仰自由政策，帮助广大信教群众和宗教界人士不断提高爱国主义和社会主义觉悟，代表宗教界的合法权

① 戴康生、彭耀：《宗教社会学》，社会科学文献出版社，2000。
② 时光、王岚：《宗教学引论》，中央民族大学出版社，1994。
③ 龚平：《宗教组织：宗教性与社会性相结合的载体——试从组织社会学角度分析宗教组织的功能》，《法制与社会》2007年第4期。

益，组织正常的宗教活动，办好教务的功能。

从学者们对宗教组织的定义和《社会团体登记管理条例》中的规定我们看出，寺院的根本属性是宗教性，即对超人间神圣力量的信仰。寺院作为宗教组织基本单位具有以下特点：第一，有僧尼在此生活居住；第二，有一定的宗教设施，如空间、建筑、神像法器经卷等；第三，具有严格的组织性和纪律性，如戒律、寺规、宗教等级、管理以及分工等。

（二）寺院的职能和功能

寺院作为社会组织无论是在寺院内部还是整个社会系统中，都发挥着重要作用。有关寺院的职能和功能的问题，国家政府部门、学术界和宗教界都曾做出相关阐述。

1. 中央领导对寺院职能和功能的阐述

1989 年，中国佛教协会会长赵朴初针对寺院的属性和职能提出："寺观是宗教活动场所，这不仅是它的基本属性，也是它的基本职能。当然，也存在寺观职能多元化的情况，例如接待国内外宾客、僧道在此为社会提供服务等，但这些职能都是从宗教活动场所这一基本职能派生出来的。离开了宗教活动场所这一基本职能，寺观的其他职能就丧失了立足点，就发挥不出它的特殊的社会效益。"针对当时我国寺观管理方面的问题指出："现在的情况是，很大一批寺观与宗教活动场所分离，在不少地方很多现存完好的寺观的属性、职能、归属都被人为地搞乱了，改变了，出现了一大批所谓'文物寺观'、'旅游寺观'、'园林寺观'。这种状况是极不正常的，严重地妨碍了宗教活动的正常进行，引起了国外和港澳台宗教界的疑虑和不满，损害了我们国家宗教信仰自由乃至民主与法制的形象。"①

---

① 赵朴初：《正本清源赵朴初谈寺观的属性、职能和归属》，凤凰网华人佛教，http：//fo. ifeng. com/guanchajia/detail_ 2013_ 04/13/24186476_ 0. shtml。

2. 学者对宗教组织的职能和功能的阐述

牟钟鉴教授对宗教的功能进行了比较系统的阐述，提出：从宗教的功能出发，认为宗教的社会功能至少有："政治上的社会整合、控制或冲突功能；心理上的调适、安抚或顺化功能；道德上的劝善、惩恶和正俗功能；公益上的救困、济危、助医、助学功能；文化上的创发、题材、构思、语言、审美功能；交往上的对话、沟通、交流功能，等等。"① 从文化的视角认为："宗教是一种以超世信仰为核心而形成的综合的社会文化体系；宗教与社会政治、经济、民族、哲学、道德、语言文字、文学（神话、小说、诗歌、散文、文论）、艺术（绘画、建筑、雕塑、音乐、舞蹈、戏曲、电影）、民俗、科学以及文化交流等领域，形成密切的关系。"从宗教事务管理的视角出发，认为应发挥宗教界人士和信教群众在促进经济社会发展中的积极作用。

何芳耀认为：对都市寺院的社会功能可从四个方面进行概括，即个人层面的究竟解脱；僧伽层面的续佛慧命；精神层面的化世导俗；物质层面的扶弱济困。这四项功能，既相互联系又各有侧重，前两点视为佛教的内部功能，后两点则是寺院的外部功能，内部功能是体，外部功能是用，两者相辅相成，不可偏废。② 何锦山认为为了适应现代社会，台湾的寺院逐渐从封闭的单一功能向多元功能转化，其功能如：宗教功能、教育功能、文化功能、传播功能、流通功能、经济功能、艺术功能、历史功能、教化功能、学术功能。

姚南强从宗教与其他社会组织的关系出发，从辩证的视角对宗教组织的属性和职能做出了比较全面、系统的分析。他认为：

---

① 牟钟鉴：《中国社会主义者对宗教认识的新高度》，《中国宗教》2010 年第 7 期。
② 何芳耀：《都市佛教寺庙社会功能和社会角色定位浅析》，《广东省社会主义学院学报》2012 年第 2 期。

"佛教组织具有行政性与社团性、经营性与公益性、神圣性与俗世性。"[1] 针对宗教的行政性与社团性，认为宗教的行政性强调政府对宗教组织的"指导""监督""控制"功能，宗教组织的社团性则是其相对独立性和自主性的表现。针对宗教的经营性与公益性，认为宗教作为"民办非企业组织"，"非营利性"应是其主要特征之一。宗教如果要在自己信众之外，对社会施加影响，就必须向社会提供社会救济、社会福利等方面的公益服务。"非营利性"也不是绝对不容许宗教组织进行一定的经济经营，只是要限定在自身发展需要的前提下，当然这种"自身发展需要"是一种模糊的界定。作为宗教寺院，其主要的经济来源应是信众的供奉，但不足的部分必须依靠自养。针对宗教的神圣性与俗世性，认为宗教组织有超越世俗功利的神圣目标，这应该是主体，但又不能完全超脱世俗功利。一方面佛教寺庙是僧伽聚住的场所；另一方面它又是俗世社会中的一个场所单位，要接受国家法制管理。寺庙的组织机构也是科层制的，寺院每天要面对一大堆的俗世事务。特别是制度化的宗教，一旦形成它的社会组织实体，就会引生相应的利益关联，已不可能完全超越俗世的功利。此外，作为历史文化遗产的景点，寺院又具有历史性、文化性。

3. 宗教人士对寺院职能和功能的认识

济群法师[2]认为寺院的职能：首先，寺院具有教育的职能，是僧伽接受教育的学校。出家人从五湖四海和社会各个行业走到这里，是为了学习解脱烦恼的智慧，实践出离轮回的目标，造就佛菩萨那样的悲智品质。作为寺院，有责任为僧伽提供完整的修学引

---

[1] 姚南强：《论当代中国佛教组织的多重社会属性》，"佛教与现代化"学术研讨会，2007。

[2] 济群法师，1984年毕业于中国佛学院，随后至福建佛学院、闽南佛学院参学任教。多年来教书育人，学修并重，为沩仰宗第十代传人。现任戒幢佛学研究所所长。

导。所以，每个寺院应有各自尊崇的宗派或擅长的修学法门，这样才能更好地承担这一职责，否则是没有资格"挂牌"的。正如律中所说："众中无知法者，百千人不得共住。"其次，寺院具有教化社会的功能。出家人不仅要重视个人解脱，同时还要发心帮助一切众生解除烦恼，获得涅槃之乐。作为出家人，尤其是寺院住持，应该视"弘法为家务，利生为事业"，积极致力于弘法事业的开展。有了这样的发心，还要创造各种弘法条件，研究面向社会弘法的方便，重视弘法人才的培养，更好地发扬佛法净化社会人心的功能，为建设和谐社会贡献力量。最后，寺院具有慈善的功能。佛法的核心是解脱，但大乘佛法的不共处却是菩提心。菩提心，就是自觉觉他、自利利他的心。依菩提心修行，才能成就佛菩萨那样的悲智品质。中国是盛行大乘佛教的国家，但在汉传佛教地区，大乘佛教的利他精神却始终没能得到应有的传播，反而予人以消极、避世的印象。今后，应该大力推广菩提心教法，积极开展慈善活动，在利他中成就道业，在利他中造福社会，造福民众。①

妙华法师②认为："寺庙的基本职能可以归纳为以下几点：一，救济贫穷，福利社会。二，劝善止恶，净化人心。三，为民施诊，自利利他。四，文化研究，文物保护。其价值表现在建筑、绘画、雕塑、人民生活等各个方面。在认识了历史上寺庙的职能和价值之后，我们就可以取长补短，充分发挥这一职能和价值。从历史经验来看，佛教寺庙的职能和价值发挥，关键在于僧尼自身建设的程度。"③

---

① 济群：《僧伽资格与寺院职能——讲于两岸四地佛教弘展研讨大会》，http：//read. goodweb. cn/news/news_ view. asp? newsid＝37330。
② 妙华法师，号古柏，又号道圣，禅宗沩仰传人之一，一诚和尚较早法嗣之一。现任湖南省长沙市望城洗心禅寺首座。
③ 妙华：《略谈如何发挥寺庙的价值和作用》，http：//hk. plm. org. cn/gnews/2012117/2012117254331. html。

星云大师指出："不论是教堂或寺院，都是提供信徒集会、论经、礼拜之用；但是，佛教寺院还有其他另外许多的功能。寺院可以给远方的人士挂单住宿；寺院又像集会所，供给社区联谊、团体开会，促进人与人之间的情感。寺院是文化教育中心，藏经楼里的藏经书籍，供给许多古今学子阅读。"

从上述有关寺院和宗教组织的职能和功能的论述中，我们不难看出，作为宗教组织基本单位的寺院，无论是在组织内部还是组织外部的环境中都发挥着重要作用。首先，在宗教内部，寺院发挥组织宗教活动、管理宗教事务、建立信徒与外界联系等，具有对信教者的精神引领、传播宗教知识和宗教文化以及开展宗教教育的功能。其次，在整个大的社会系统中，寺院作为社会组织是社会系统中的一个子系统，具有协调稳定社会、道德规范、传承历史文化、心灵慰藉等功能和作用。

从寺院的属性、职能和功能的分析中，我们不难看出寺院的基本属性是宗教性；作为宗教活动场所和宗教组织的基本单位，寺院的基本职能也是发挥宗教的作用。为此，在处理寺院与旅游的关系中，应以寺院的宗教性为主体，旅游活动为副产品，即在不影响寺院宗教活动、不影响僧人修行的基础上，开展寺院旅游活动。

二 藏传佛教寺院的属性和职能

藏传佛教寺院除具有寺院的一般属性、职能和功能外，还具有自身的特点，发挥特殊的作用。从构建合理的西藏寺院旅游发展中利益分配机制的视角出发，结合藏传佛教寺院的特点，从宗教性、文化性和经济性三个方面分析藏传佛教寺院的属性、职能和功能。

（一）宗教性

寺院是宗教的崇拜偶像或其他象征表现的安息之地、供奉之地，是开展宗教活动的场所和宗教人士生活和修行的地方。因此，藏传佛教寺院的根本属性是宗教性。藏传佛教寺院的基本职能是满足宗教需要，僧人的基本职能是修行、弘法和为广大信众提供宗教服务。

在藏区，无论是宗教地位高、影响力大的寺院，还是身处偏远的农牧区的小寺院，对信教群众来说都是神圣之地、崇拜之地；无论是名僧、高僧还是普通的僧尼都发挥着弘扬佛法，为信教群众提供宗教服务的作用，都在为藏区的和谐、稳定发挥着重要作用。但是，地处偏远、落后的农牧区的小寺院，自然环境相对恶劣，生活条件比较艰苦，交通闭塞行动不便，信教群众居住比较分散，经济收入普遍偏低，导致与城镇大寺院相比，相同的宗教服务项目和服务内容，农牧区的僧尼要付出更多的体力和精力，而获得的却是更少的报酬。

基于藏传佛教寺院的宗教性，从构建合理的收入分配机制的视角出发，寺院应发挥寺院的宗教功能，即满足僧尼修行、生活，开展宗教活动的需要。为此，在处理寺院发挥宗教功能和开展寺院旅游的关系上应该注意：寺院的宗教功能是第一位的，应在不影响正常的宗教活动和僧尼的修行、生活的基础上，适度开展旅游活动；僧尼作为宗教人士，应以自身的修行精进、弘扬佛法、提供宗教服务为主，不宜过多地参与寺院旅游的经营和管理。另外，寺院需要一定的收入，主要用于寺院正常运行、开展宗教活动、维持僧尼基本生活、保护寺院文物古迹等方面，而僧尼获得的是生活补贴，不是薪酬。"不捉金钱宝物"是佛教出家僧人戒律当中的一条重要戒律，由释迦牟尼佛亲自制定。但是，随着社会的发展，寺院生存条件的改变，僧尼需要一定的生活补贴来维持基本的生活，但这种生活补贴不宜过高，僧尼间的差距不宜过大。

（二）文化性

宗教是一种文化现象。方立天提出："佛教既是一种信仰实践，

又是一种社会力量，也是一种文化现象。"① 吕大吉从宗教的四要
素（宗教的观念、宗教体验、宗教的行为、宗教的组织和制度）
出发，认为"无论是宗教观念的教义化和信条化，宗教感情、宗
教体验的目的化，宗教行为的规范化，宗教信徒的组织化，宗教
生活的节律化和制度化……所有这一切，都是人性异化的产物，
是人类的一种文化创造"②。牟钟鉴先生认为："宗教体系最宽广的
表现，是它的文化，这是宗教精神和宗教思想向外辐射的最大辐
射面。在这个层面上，它与世俗的文化（包括哲学、伦理、文艺、
民俗等）互渗交融，形成你中有我、我中有你的态势。"③ 寺院成
为宗教文化的集中展示地、重要的旅游吸引物，吸引大量旅游者
前来观光游览。藏传佛教是在印度佛教基础上，融合西藏的原始
苯教而成的佛教类型，它既保留了佛教的基本思想教义，又具有
雪域高原和藏民族的特色。寺院是藏传佛教文化的荟萃之地，藏
式、汉藏结合式、汉藏和印度结合式的寺院建筑，寺院内金碧辉
煌的佛堂、殿宇，殿堂内的佛像、经书、壁画、唐卡，隆重、庄
严的宗教仪式、丰富多彩的宗教活动，以及舞蹈、音乐等精湛的
宗教艺术和虔诚的藏民族信众等组成一个巨大的藏传佛教文化
宝库。

　　基于寺院的文化性，在构建合理的西藏寺院旅游利益分配机制
中应充分认识宗教文化的当代价值，发挥宗教文化积极的社会功
能。首先，提高对寺院文化性的认识，加强对西藏寺院文化的传承
和保护。寺院文化是历代高僧大德、众僧尼以及信众虔诚信仰的产
物，是寺院得以延续的基石，也是开展寺院旅游的前提。为此，在
寺院旅游收入的支出中，增加对宗教历史文物的保护费用，提高资

---

① 方立天：《中国佛教与传统文化》，上海人民出版社，1988。
② 吕大吉：《宗教学通论新编》，中国社会科学出版社，1998。
③ 牟钟鉴：《宗教、文艺、民俗》，中国社会科学出版社，2005。

金投入。其次，满足旅游者对宗教文化的消费需求，传播优秀的宗教文化。在不影响寺院正常的宗教活动的前提下，组织开展寺院旅游活动，一方面满足游客对藏传佛教文化的消费需求，同时达到传播优秀藏传佛教文化的目的。最后，努力提高社区对寺院旅游的参与度和满意度，增强社区居民对藏传佛教的认识和理解，提高社区居民的文化素质和旅游服务技能，实现带动社区社会经济发展的目标。

（三）经济性

在佛教的思想与现实中，一方面视财富占有为贪心，另一方面其自身的生存和发展又必须依靠雄厚的经济基础。因此，寺院经济历来就是把"双刃剑"。

首先，寺院经济由来已久，处理好神圣性与世俗性是关键。纵观历史，佛教寺院经济经历了从农禅并重、自给自足到土地租赁（"地租"）再到宗教性的收入以及发展自养事业三个阶段。因此，在市场经济的今天，寺院发挥自身的文化优势发展寺院旅游，开展其他经营活动，获得经济收入，满足寺院生存和发展需要的同时也满足旅游者对宗教文化的消费需求，具有一定的合理性。但是，寺院作为宗教组织，在发展自养事业时，应特别注意处理好神圣性与世俗性、公益性与营利性的关系。一方面，藏传佛教寺院的旅游经营不同于一般的旅游景点。寺院旅游不应以追求利润为目的，而应借旅游之便发挥传承和保护藏传佛教文化，向广大民众宣传藏传佛教中的优秀传统文化，发挥宗教在社会整合、心理调适、心灵安抚、道德劝善、济危救困等积极社会功能的作用。过度商业化、世俗化，就会有弱化佛教教化功能的危险，就会违背寺院经济服务与宗教事业的初衷。与此同时，寺院因旅游服务接待所提供的劳务支出，因旅游活动对寺院设施以及文物的损耗加剧造成的维修费用等，可视为旅游经营成本，寺院向游客收取一定的旅游服务是合理的。

其次，寺院作为民间非营利性组织，在组织管理和生产经营上应遵守"民间非营利性组织"的相关规定。在《中华人民共和国国家标准》（GB/T 20091－2006）分类体系中，宗教活动场所属于其他组织机构类型。① 2005 年，财政部颁布的有关"民间非营利性组织会计制度"中明确："民间非营利性组织包括依照国家法律、行政法规登记的社会团体、基金会、民办非企业单位和寺院、宫观、清真寺、教堂等。"② 第一，寺院享受国家免税的优惠。依照《中华人民共和国企业所得税法》《〈中华人民共和国企业所得税法〉实施条例》的规定，宗教团体、宗教活动场所及宗教院校属于民间非营利性组织，是享受国家免税政策的。寺院免税的内容主要包括：接受其他单位或者个人捐赠的收入；除《中华人民共和国企业所得税法》第七条规定的财政拨款以外的其他政府补助收入，但不包括因政府购买服务取得的收入；按照省级以上民政、财政部门规定收取的会费；不征税收入和免税收入滋生的银行存款利息收入；财政部、国家税务总局规定的其他收入。③ 第二，寺院只能从事公益性或非营利性活动。在《关于非营利性组织企业所得税免税收入问题的通知》中提出，非营利性组织必须同时满足以下条件："从事公益性或者非营利性活动，且活动范围主要在中国境内；取得的收入除用于与该组织有关的、合理的支出外，全部用于登记核

---

① 中华人民共和国国家质量监督检验检疫总局、中国国家标准化管理委员会：《中华人民共和国国家标准》，2006 年 1 月 5 日。

② 财政部、国家税务总局：《关于非营利性组织免税资格认定管理有关问题的通知》，国家宗教事务局网，http：//www.sara.gov.cn/gb/zcfg/zc/20091230－01－－2bd0－11da－8858－93180af1bb1a.html。

③ 财政部、国家税务总局：《关于非营利性组织企业所得税免税收入问题的通知》，国家宗教事务局网，http：//www.sara.gov.cn/gb/zcfg/zc/20091230－01－－2bd0－11da－8858－93180af1bb1a.html。

定或者章程规定的公益性或者非营利性事业。"① 第三，寺院收入不能用于分配。在《关于非营利性组织企业所得税免税收入问题的通知》中提出，"财产及其滋息不用于分配，但不包括合理的工资薪金支出；按照登记核定或者章程规定，该组织注销后的剩余财产用于公益性或者非营利性目的，或者由登记管理机关转赠给予该组织性质、宗旨相同的组织，并向社会公告；投入人对投入该组织的财产不保留或者享有任何财产权利，本款所称投入人是指除各级人民政府及其部门外的法人、自然人和其他组织；工作人员工资福利开支控制在规定的比例内，不变相分配该组织的财产，其中：工作人员平均工资薪金水平不得超过上年度税务登记所在地人均工资水平的两倍，工作人员福利按照国家有关规定执行；除当年新设立或登记的事业单位、社会团体、基金会及民办非企业单位外，事业单位、社会团体、基金会及民办非企业单位申请前年度的检查结论为'合格'；对取得的应纳税收入及其有关的成本、费用、损失应与免税收入及其有关的成本、费用、损失分别核算"。② 寺院免税的内容主要包括：接受其他单位或者个人捐赠的收入；除《中华人民共和国企业所得税法》第七条规定的财政拨款以外的其他政府补助收入，但不包括因政府购买服务取得的收入；按照省级以上民政、财政部门规定收取的会费；不征税收入和免税收入滋生的银行存款利息收入；财政部、国家税务总局规定的其他收入。③

① 财政部、国家税务总局：《关于非营利性组织免税资格认定管理有关问题的通知》，国家宗教事务局网，http：//www. sara. gov. cn/gb/zcfg/zc/20091230 – 01 – – 2bd0 – 11da – 8858 – 93180af1bb1a. html。

② 财政部、国家税务总局：《关于非营利性组织免税资格认定管理有关问题的通知》，国家宗教事务局网，http：//www. sara. gov. cn/gb/zcfg/zc/20091230 – 01 – – 2bd0 – 11da – 8858 – 93180af1bb1a. html。

③ 财政部、国家税务总局：《关于非营利性组织企业所得税免税收入问题的通知》，国家宗教事务局网，http：//www. sara. gov. cn/gb/zcfg/zc/20091230 – 01 – – 2bd0 – 11da – 8858 – 93180af1bb1a. html。

最后，寺院和僧尼不能把参与寺院旅游经营管理作为谋生的手段。寺院是宗教活动场所，是供奉信仰对象、参加宗教活动以及出家人学习生活的地方。只有在保障寺院基本功能的前提下，才能适度开展旅游活动。寺院僧尼作为宗教人士以修行、弘法和服务信教群众为主，不宜过多参与寺院旅游经营和服务，更不能以此为谋生手段。此外，僧尼作为宗教人士不同于企事业单位职工，没有薪酬。这是因为所谓"薪酬"是员工因向所在的组织提供劳务而获得的各种形式的酬劳。或者说，就是指员工因为雇佣关系的存在而从雇主那里获得的所有各种形式的经济收入，以及有形服务和福利。由于僧尼与寺院之间不存在雇佣与被雇佣的关系，所以僧尼没有薪酬。作为宗教组织寺院一般会定期发给僧尼生活补贴；没有条件发放生活补贴的寺院一般也会为僧尼解决吃饭问题；确无经济来源或不能提供基本生活需要的寺院，僧尼只有靠家庭供养。2012 年年底，政府将寺庙在编僧尼全部纳入社会保障体系，实现了医疗保险、养老保险和最低生活保障全覆盖。这不仅使西藏广大僧尼有了生活保障，也解决了他们的后顾之忧。

第四节　构建合理的藏传佛教寺院旅游的利益分配机制

合理的利益分配机制对构建和谐社会与和谐寺庙意义重大。西藏寺院旅游涉及各类寺院和僧人、寺院所在社区及居民以及旅游纪念品经营者、地方政府等多个利益主体，由于缺乏合理的利益分配机制，利益主体间的收入差距明显。第一，寺院与社区及其他利益相关主体间存在收入差距。在寺院旅游中，寺院发挥特殊重要的作用，加之其特殊的宗教地位，使得寺院成为寺院旅游中的主要获利者，而社区居民获利很少，旅游纪念品经营者获利的满意度也不高。第二，寺院之间收入差距显著。寺院旅游发展不平衡，导致宗教地位高、规模大的大寺院的旅游收入远远高于位置偏远的、规模小的农牧区小寺院。第三，僧尼之间的收入差距明显。同样作为出家人，同样发挥为信教群众提供宗教服务的作用，旅游热点的大寺院的僧人不仅生活条件优越，而且有相当数量的可自由支配的费用，而一些小寺院的僧尼主要依靠政府提供的低保维持生活。比较明显的收入差距，长期下去，不仅会导致利益主体间的利益纠纷，还会引发其他社会问题。为此，构建合理的利益分配机制，更好地平衡寺院与社区、寺院与寺院、僧人与僧人间的利益，不仅有助于和谐社会、和谐寺庙的建设，而且有助于更好地发挥宗教组织的积极社会功能。

现阶段，构建合理的西藏寺院旅游利益分配机制，要在"政府引导、宗教组织自主、社区参与"的原则基础上，从西藏寺院旅游发展的目标出发，在保证寺院的根本属性，发挥寺院积极社会功能的前提下，平衡寺院与社区、寺院与寺院、僧人与僧人之间的利益关系。

一　树立合理分配寺院旅游利益的理念

要构建合理的西藏寺院旅游发展中的利益分配机制，首先要树立旅游利益相关者理念、社区参与旅游发展理念，只有在正确的认识基础上，才能客观、公正地看待西藏寺院旅游发展中的利益分配问题，才能进行合理的利益分配。

（一）培养利益共享理念，提高多元主体的积极性

旅游的综合性决定寺院旅游不是孤立的，是多行业、多部门、多主体共同参与的结果。为此，从利益相关者理论出发，考虑寺院旅游收入分配中的多元主体性，培养共享理念。所谓"共享"即实现恩格斯所说的结束牺牲一些人的利益来满足另一些人的需要的状

况，使所有人共同享受大家创造出的福利，使社会全体成员的才能得到全面的发展。"共享"不仅是共享经济利益，还包括共享政治、文化、社会等各方面利益。构建合理的寺院旅游利益分配机制，应把多个利益相关者放在平等的位置，明确每个利益相关者的责、权、利。在制定具体的寺院旅游利益分配方法和措施时，应在各相关利益主体参与的情况下，让每个利益相关者充分表达他们的利益诉求以及面临的困难和问题。在寺院旅游利益分配中，不能忽视任何利益主体方的利益。

构建西藏寺院旅游利益分配机制，应在利益相关者中树立共享理念，在关注自己利益的同时关注其他利益主体的利益。如，寺院要更多地考虑居民利益，为居民提供参与旅游服务的岗位；旅游热点寺院应关注没有开展寺院旅游的小寺院的利益，为他们提供一定的支持和帮助。游客应注意自身行为，在满足自身对宗教文化的消费需求时，注意对寺院宗教文物的保护；政府应充分发挥指导、协调、监督的作用，从政策层面给予寺院旅游分配利益的合理调配。总之，通过在寺院旅游相关利益者中培养多元利益主体思想，树立共赢、共享的理念，才能使寺院旅游各参与方获得相应的利益，调动起发展寺院旅游的积极性，保证寺院旅游健康发展；才能带动地方社会、经济、文化的发展，才能实现以寺养寺，促进藏传佛教文化的传播，发挥寺院积极的社会功能。

（二）强化社区参与理念，提高社区参与寺院旅游的认识

社区是旅游发展的基础和保证，社区参与程度的高低是衡量旅游发展成熟程度的重要标志。但是，由于社区居民在旅游发展的各相关利益主体中是一个被动的弱势群体，社区参与旅游发展受到许多因素的制约。在世界旅游组织、世界旅游理事会联合颁布的《关于旅游业的 21 世纪议程》中，明确将社区居民参与当作旅游发展过程中的重要内容，并将社区参与和旅游可持续发展

相连接。① 社区参与旅游就是把社区居民视为旅游主体真正进入旅游规划、开发、建设、经营、管理中，目的是使社区居民得到多方面发展。

近年来，尽管在旅游资源开发和景区景点的经营管理中，社区参与思想被普遍纳入旅游规划和经营管理战略中，但是在实际操作中社区参与程度并不高，甚至流于形式。尤其是寺院旅游，由于受宗教思想的影响，社区参与寺院旅游的意识更加薄弱。为此，在构建合理的西藏寺院旅游发展中的利益分配机制时，强化社区参与理念，提高社区参与寺院旅游的认识十分必要。

在西藏寺院旅游中，无论是在寺院旅游发展中，还是在寺院发展中，社区都发挥了重要作用。但是，从目前情况看，社区参与寺院旅游的程度很低。主要有以下几个方面的原因。首先，对寺院旅游认识不足。目前，比较普遍的认识是寺院旅游是寺院从事的经营活动，与社区无关。但是，通过前面的分析我们认识到，寺院旅游与社区密切相关，社区是寺院旅游的前提和保证。大昭寺周边社区居民的虔诚信仰及所营造的浓厚宗教氛围已经成为寺院宗教文化景观不可或缺的部分，如转经、磕长头等都给游客带来强烈的感官冲击和心灵的震撼。同时，社区浓郁的民族风情丰富了游客的旅游体验，居民友好的态度营造了良好的旅游氛围。与此同时，寺院旅游带来的一些负面影响如物价上涨、交通拥挤、环境喧闹、传统民族文化受冲击等，社区居民只能被动地承受。由此看出，没有社区的参与，寺院旅游难以持续健康发展下去。其次，宗教信仰的影响。社区和社区居民与寺院和寺院的僧尼之间的信仰与被信仰、崇拜与被崇拜的宗教关系，使得寺院和僧尼享有至高无上的地位，社区居民把对寺院及僧尼的布施和供奉作为修行方式和慈善行为。再次，

---

① 胡志毅、张兆干：《社区参与和旅游业可持续发展》，《人文地理》2002 年第 5 期。

传统思想制约。重精神信仰、轻物质享受是藏族的传统价值观。这种价值观使得社区居民缺乏对物质利益的追求动力，安于现状。最后，社区居民的文化素质普遍不高，比较封闭，缺乏参与寺院旅游管理和经营的自觉性、主动性，更不具备从寺院旅游中争取利益的思想意识和能力。

为此，强化社区参与意识，重视社区在寺院旅游中的作用，积极推动社区参与寺院旅游的服务、管理和利益分配十分重要。特别是出于主导地位的政府和出于主体地位的寺院等核心利益相关者更应提高对社区参与寺院旅游的认识，在利益分配中充分考虑社区的利益诉求和利益所得；不断完善社区基础设施和服务设施；推进社区旅游经营教育和培训，提高周边藏族居民参与寺院旅游的意识和技能，把社区居民参与寺院旅游的工作落到实处。

二　强化政府的协调、监督作用

现代经济社会发展过程中，政府是一个非常重要的力量。政府主导是中国旅游产业发展的一大特点，也是旅游产业能够迅速发展的重要原因。西藏寺院旅游是在自治区大力推进旅游产业发展、培育富民强区的主导产业、推动全区经济跨越式发展的战略背景下快速发展起来的。在西藏自治区"十二五"时期旅游业发展规划中提出："'十二五'期间，以做大做强做精特色旅游业为抓手，着力实施全区旅游产业倍增计划，全面提升西藏旅游业竞争力，实现旅游富民强区的发展目标。"并在此基础上，确定了"十二五"期间西藏旅游发展要坚持和谐发展、政府主导、市场运作、富民惠民原则的基本原则。为此，结合西藏寺院旅游的特点，在西藏寺院旅游利益分配机制的构建中，应突出政府的指导、协调、监督作用。

（一）强化政府的协调作用

西藏寺院旅游事关宗教文化的传承和保护、西藏社会和谐和稳定、经济的发展和脱贫致富，寺院旅游涉及宗教组织和文物管理、旅游管理等多个相关部门，寺院旅游利益涉及寺院、旅游者、旅游商品经营者和社区等多个相关利益主体。基于西藏寺院旅游的重要性、广泛性和综合性的特点，只有充分发挥政府在社会管理中的总揽全局、统筹协调、指导与监督的作用，明确西藏寺院旅游的目的和意义，协调寺院旅游各相关利益主体的关系，认真履行各自职责，发挥积极性和主动性，才能确保西藏寺院旅游的持续、健康发展。政府的引导、协调、监督作用主要表现在以下方面。

通过加大宣传和教育力度，引导西藏寺院旅游向以传承藏传佛教文化，保护寺院文物古迹为核心；以增加寺院收入，适当提高僧众生活补贴，带动社区经济发展为目标；以引导宗教与社会主义相适应，发挥宗教组织积极的社会功能的方向发展。发挥政府总揽全局和桥梁纽带作用，协调西藏寺院旅游各相关利益主体的关系。通过座谈会、协调会等方式，加强有效沟通，营造公平、公正、民主的社会环境，平衡寺院与社区、寺院与寺院、僧人与僧人之间的利益，调动各相关利益主体的主动性、积极性和创造性。

（二）加强对寺院旅游收入分配的检查、监督

政府部门应依照相关的法律、法规加强对西藏寺院的检查、监督。依照《宗教活动场所财务监督管理办法》中的具体要求，以及《宗教活动场所管理条例》和《藏传佛教寺庙管理办法》中的相关规定，指导寺院建立健全财务管理制度，完善财务管理体制。

为了更好地贯彻执行《宗教活动场所财务监督管理办法》中的有关规定，组织定期或不定期的寺院财务检查、抽查、指导，以此规范寺院财务的管理，提高寺院的财务管理能力和水平。在检查、监督的基础上，对严格执行寺院财务管理相关规定的寺院给予一定的奖励和鼓励，对未严格执行寺院财务管理相关规定的给予批评、处罚。

（三）提高驻寺干部的财务管理能力

构建合理的寺院旅游利益分配机制，是加强和创新寺庙管理、教育和服务的重要内容。寺院旅游利益分配是一项政策性强、专业性高的工作，为了加强对寺院旅游收入分配管理的指导和监督，提高驻寺干部的财务管理能力和水平是关键。

为此，相关政府部门一方面要加强对寺院财务管理的指导、监督和检查职能，按照《民间非营利性组织会计制度》的要求，提高寺院财务管理的规范化、制度化水平；另一方面应该将具有一定财务管理能力和经验的管理者选拔到驻寺干部队伍中，特别是充实到寺院旅游发展快、效益高的寺院中，提高对寺院财务管理的指导。同时应加强对现有驻寺干部的财务管理知识和技能的培训，提高驻寺干部的财务管理能力和水平。

三 提高寺院自主管理的能力和水平

在国家宗教事务局颁布的《藏传佛教寺庙管理办法》中，明确了藏传佛教寺庙管理组织的职责，其中包括："管理本寺庙财产和文物；组织开展寺庙自养产业和社会公益慈善事业。"[1] 针对寺庙的财务管理提出："应当遵守《宗教事务条例》、《宗教活动场所财务监督管理办法（试行）》。"[2]在《宗教活动场所财务监督管理办法（试行）》中，也明确提出："宗教活动场所应当成立财务管理小组，在本场所管理组织的领导下对本场所的财务进行管理。财务管理小组一般由本场所管理组织负责人、会计人员、出纳人员等组成。"[3]

---

[1] 《藏传佛教寺庙管理办法·第十一条》，国家宗教事务局网，http://www.sara.gov.cn/zcfg/bmgz/5085.htm。

[2] 《藏传佛教寺庙管理办法·第三十一条》，国家宗教事务局网，http://www.sara.gov.cn/zcfg/bmgz/5085.htm。

[3] 《宗教活动场所财务监督管理办法（试行）·第五条》，中华人民共和国中央人民政府官网，http://www.gov.cn/flfg/2010-03/03/content_1546579.htm。

在西藏调研中发现，寺院的旅游收入和分配被纳入寺院财务管理中，由寺院管理委员会统筹，寺院资产经营管理处负责，具体事务由僧人负责管理，驻寺干部监督、指导。为此，在构建合理的西藏寺院旅游利益分配机制过程中，应充分发挥佛教组织的自主管理职能，完善、提高寺院旅游的管理能力和水平。在制度设计层面，有效组织寺院旅游、合理分配旅游收入，进行系统运作。

（一）充分发挥寺院作为民间非营利性组织的作用

寺院作为民间非营利性组织，享受国家免征经营税的优惠政策。寺院开展旅游活动应以弘法利生，传承和保护佛教文化，带动社区发展，满足游客对宗教文化的消费需求为目的，不以营利为目的。一方面，给社区居民提供更多的就业机会，减少僧尼直接参与寺院旅游服务的时间。寺院应筛选出一定的旅游服务岗位，例如，售票和检票、旅游服务设施维护和维修、旅游商品和纪念品的销售、寺院旅游区的保洁、殿堂的讲解等岗位，在明确服务职责和上岗条件的基础上，通过一定的招聘和选拔方式，把社区中的优秀中青年人吸收到寺院旅游服务中。另一方面，寺院应开发具有寺院特色的旅游纪念品。寺院特色旅游纪念品不仅丰富旅游者的体验，而且有助于弘扬宗教文化，塑造寺院良好的社会形象。在经营特色寺院旅游纪念品的基础上，应取消一般性旅游纪念品的销售，不仅减少僧尼的旅游服务压力，同时也为旅游纪念品经营者留出一定的市场空间，提高他们的旅游收入。

公益性捐赠是社会组织承担社会责任的一项重要内容，也是社会组织提升社会形象的重要途径。作为民间非营利性组织，寺院旅游收入支出在满足维持寺院宗教事务运行、寺院建设和保证僧尼生活需要之外，应以多种形式回流社会，如赈灾济荒、捐资助学等，发挥宗教组织作为社会财富分配的"蓄水池"作用。与此同时，作为旅游热点的大寺院应主动对未开展寺院旅游的农牧区小寺院提供财务上的帮助，以改善这些寺院的环境，提高僧尼的生活水平，减少寺院之间、僧尼之间的收入差距。

（二）加强寺院旅游收入分配管理的制度化、规范化

财务监督管理是现代社会民主化、法制化、制度化的要求，也是当前寺院自身建设的迫切要求。加强财务监督管理对于保证寺院财产的安全，树立寺院良好社会形象，规范场所活动，加强宗教自身建设等具有重要意义。

依照《宗教活动场所财务监督管理办法（试行）》和《民间非营利性组织会计制度》的要求，不断完善寺院财务管理。在充分发挥民主，广泛征求寺院僧尼意见的基础上，选择适合寺院的利益分配模式；加强寺院旅游的支出预算、预算执行、结余管理；建立寺院财务公开和监督机制，定期向全寺僧尼公开寺院旅游收入分配情况，听取僧人的意见和建议，不断完善寺院旅游收入管理办法。

（三）强化佛教协会的协调作用

中国佛教协会是中国各民族佛教徒的联合组织，在协助政府管理寺庙、教育僧尼方面具有独特优势和作用。为此，应充分发挥佛协的桥梁和纽带作用，加强与寺庙僧尼的经常性联系，及时了解反映社情民意和寺庙动向。

针对西藏寺院旅游发展不平衡，寺院旅游收入差距过大的问题，各级佛教协会应承担起深入调查研究，了解寺院旅游发展和利益分配中的问题，向有关部门提出建议和意见，为相关宗教政策的制定提供依据。各级佛教协会应加强寺院间的联系，倡导寺院间的支持和帮助，采取一定措施加强寺院旅游收入高的大寺院对分布在偏远落后农牧区的小寺院的帮扶力度。督导寺院完善自我管理，建立科学的财务管理制度，保证会计资料合法、真实、准确、完整。积极倡导、组织开展社会公益慈善事业，造福社会，利益人群。

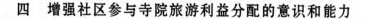

四　增强社区参与寺院旅游利益分配的意识和能力

作为寺院旅游发展的直接承载者，社区居民毋庸置疑地成为寺院旅游发展的核心相关利益主体。1969 年，安斯坦（Sherry Arnstein）在美国规划师协会所办杂志上发表的著名论文《市民参与的阶梯》中指出，社区参与的目的是实现权力的再分配，从而使社会能够合理公平地获益并承担成本。[①] 他提出了 8 种层次的公众参与类型模式。按公众参与的程度，分别为：操纵、引导、告知、咨询、劝解、合作、授权、公众控制。操纵，是政府按自己的目的和意思组织并操纵公众参与的过程。引导，是政府以公众参与的形式达到让公众支持自己的目的。告知，是政府把信息通知参与者，使参与者了解情况。咨询，是政府提供信息，公开听取参与者的意见。劝解，是公众参与发展的重要阶段，政府与参与者形成了交流互动。但因政府仍然有着最终决定权，所以也只是比较深层次的表面参与。合作，是公众与政府通过谈判的方式，获得共同参与规划和决策，使利益在真正意义上得以重新分配。授权，通过公众与政府协商和谈判，公众赢得对某一些项目或规划的主导权以及责任。公众控制，参与者在知情权得到保障的情况下，全程参与城市规划建设，发表看法，就参与内容与政府共同决策。

依据安斯坦的上述 8 种参与类型模式，结合西藏寺院旅游社区参与的实际，我们认为目前西藏寺院旅游的社区参与处于初期阶段，采取的是一种复合模式。按照安斯坦对 8 种模式的分析：操纵阶段，政府按自己的目的和意思组织并操纵公众参与的过程；引导阶段，政府以公众参与的形式达到让公众支持自己的目的。两个阶

---

① Sherry Arnstein, "A Ladder of Citizen Participation," *Journal of the American Institute of Planners*, 1969, 35 (4): 216 – 224.

段都是为了达到政府的目的而采取的社区参与模式，并非实现社区的利益目标，所以不符合当前西藏寺院旅游社区参与的实际。告知阶段是政府把信息通知参与者，使参与者了解情况；咨询阶段是政府提供信息，公开听取参与者的意见；劝解阶段是政府与参与者之间进行交流互动。由于在上述三个社区参与阶段模型中，政府主动向社区发布信息，征求意见，交流互动，这种互动模式更符合目前西藏寺院旅游社区参与的现实情况和近期发展的目标。因此，西藏寺院旅游社区参与采取的是由告知、咨询和解劝组合而成的复合模式类型。即在充分发挥政府在寺院旅游中的指导、协调作用，引导寺院所在社区参与寺院旅游的经营管理和利益分配。尽管这种在政府引导下的社区参与是浅层次、表面上的，但是由于西藏寺院所在社区居民的文化素质普遍比较低，主动参与寺院旅游的意识不强，参与寺院旅游的能力不强，因此政府的作用十分重要。也就是说，在西藏寺院旅游利益分配中，给予社区在利益上的充分考虑，将其作为利益主体，公平地分享旅游收益，才能使寺院旅游发展目标与社区发展目标一致起来。在实际操作中应着力做好以下几个方面的工作。

（一）建立参与寺院旅游的社区组织

在地方政府的协调下，在相关专家、学者的指导下，在社区居民委员会的基础上，成立由社区中的文化精英、民意代表和中青年骨干组成的寺院旅游社区参与小组。由于社区精英是在社区中具有特殊才能、在某一方面或某一活动领域具有杰出能力的成员，他们在权力、声望和财富等方面占有较大优势的个体，所以，社区精英可以通过其个人魅力和杰出的才能，组织策划各种社区计划，组织、指挥大家共同完成既定的目标，焕发社区的生机与活力，推动社区的建设与发展，使社区整体结构处于一个良性运行的状态。由于民意代表能够代表大多数社区居民的意见，而且愿意作为他们的代言人，所以通过民意代表更容易把社区居民的利益诉求表达出来，得到社会的认知和理解。青年骨干作为社区文化的传承人，由于接受过较高教育，文化素质比较高，思想开放、活跃，不仅熟知社区的传统文化习俗，还容易接受新的思想、信息，在社区参与寺院旅游中发挥骨干作用。

由文化精英、民意代表和青年骨干组成的社区参与寺院旅游组织作为社区代表，不仅能够及时了解社区居民的利益诉求，反映社区居民对寺院旅游的意见和建议，还能代表社区积极与政府、寺院以及社区各界进行沟通，组织参与寺院旅游的开发、规划、经营管理，维护社区居民在寺院旅游中的利益。

（二）提高社区居民参与寺院旅游的意识和能力

社区参与需要政府和相关部门的引导，更需要社区的自觉性和主动性。尽管被调查社区居民对参与寺院旅游的志愿比较强，但是受宗教思想、传统观念的影响，加之在能力水平上的不足，他们参与寺院旅游的主动性和积极性有待提高。

在地方政府和社区居委会的组织协调下，通过寺院旅游社区参与小组，加强对社区居民参与寺院旅游发展的宣传，增强社区居民参与寺院旅游的积极性和主动性；在政府部门、学术机构、寺院和非政府组织的帮助下，开设藏传佛教文化知识讲座，提高社区居民对藏传佛教文化的认识和理解，增强对社区在寺院旅游中的作用的认识；开办家庭旅馆经营、旅游商品经营、寺院旅游导游培训班等，提高社区居民参与寺院旅游的知识和技能水平，增强社区居民参与寺院旅游的能力。

附　录

问卷一：游客旅游消费及满意度问卷

尊敬的游客：您好！

我们是中央民族大学的师生，正在进行游客消费情况的调查，希望能听取您的意见。我们保证对您所提供的信息严格保密，非常感谢您的参与。

一、游客消费基本情况

1. 您本次选择的出游方式：A. 跟团　B. 自助游　C. 半自助游（旅行社代订机票或宾馆）

2. 旅游费用的来源：A. 自费　B. 公费（单位组织）　C. 半自费半公费（出差顺便旅游）

3. 您在大昭寺旅游的时间：A. 1 小时以下　B. 1～2 小时　C. 3～4 小时　D. 5～6 小时　E. 6 小时以上

4. 您在大昭寺旅游的花费大约在：A. 50 元以下　B. 51～100 元　C. 101～200 元　D. 201～300 元　E. 301～500 元　F. 501～1000 元　G. 1000 元以上

5. 在大昭寺旅游时，您的主要花费包括（多选）：A. 门票　B. 买纪念品　C. 导游　D. 布施　E. 其他

6. 在大昭寺旅游消费的多少排序为（按照花费数额的大小，从大到小依次为 1~5）

门票	购买纪念品	导游	布施	其他

二、游客的认知度和满意度

请您针对在大昭寺旅游过程中的经历，对以下各方面的认知程度、满意程度进行打分。

分值代表：1~5 代表认知程度/满意程度由低到高，1 表示程度最低，5 表示程度最高

A. 认知程度：指您在接受服务前或者游览前对项目的了解程度，以及所产生的期望；

B. 满意程度：指您对游览效果或者旅游服务的满意程度；

C. 如无相关的体验，可以画"/"不作答。

题项		认知程度					满意程度				
		5	4	3	2	1	5	4	3	2	1
景观质量	建筑及装饰										
	佛像										
	壁画										
	唐卡										
	宗教氛围										
	信众的虔诚										
游览条件	旅游线路的合理性										
	灯光合适										
	空气适宜										
	声音大小适宜										
	道路平整										
	游客密集程度良好										
	休息设施完善										
	卫生设施完善										
	安全设施完善										

续表

题项		认知程度					满意程度				
		5	4	3	2	1	5	4	3	2	1
服务质量	门票价格										
	服务人员的服务态度										
	服务人员的技能										
	导游的态度										
	导游的质量										
旅游购物	商品价格										
	商品特色										
	购物环境										
	商品质量										
产品	观光游（目前的旅游方式）										
	宗教体验游（短期出家游、唐卡和壁画等宗教艺术游、宗教养生游等）										

三、游客未来消费行为

题项	非常不同意	不同意	一般	同意	非常同意
我未来仍然愿意来大昭寺旅游					
我愿意将大昭寺作为下次西藏游的主要选择					
我会向他人宣传大昭寺旅游					
我会推荐他人来大昭寺旅游					

四、您的基本情况

1. 您的性别：A. 男　B. 女

2. 您的民族：A. 汉　B. 藏族　C. 蒙古族　D. 满族　E. 回族 F. 其他

3. 您的宗教信仰：A. 藏传佛教　B. 佛教　C. 道教　D. 伊斯兰教　E. 基督教　F. 其他宗教　G. 无宗教信仰

4. 您的年龄为：A. 15 岁以下　B. 15 ~ 24 岁　C. 25 ~ 34 岁 D. 35 ~ 44 岁　E. 45 ~ 59 岁　F. 60 岁及以上

5. 您的年收入：A. 3 万元以下　B. 3 万 ~ 5 万元　C. 5 万 ~ 10 万元　D. 10 万 ~ 20 万元　E. 20 万 ~ 30 万元　F. 30 万元以上

6. 您的教育程度：A. 研究生　B. 本科　C. 大专　D. 中专/职校/技校/高中　E. 初中　F. 小学及以下

7. 您的职业为：A. 公务员　B. 专业技术人员（研究人员、教师、医生等）　C. 事业单位职工　D. 企业职员　E. 个体经营者　F. 军人　G. 农民　H. 学生　I. 其他

再次感谢您的配合！

问卷二：八廓街旅游纪念品经营者调查问卷

您好！

我们是中央民族大学的课题调查者，正在进行关于西藏寺院旅游商品经营情况的调查。您的参与代表着关心西藏发展的许多人，非常感谢您的参与。

一、八廓街的基本情况调查

请从以下几个方面，尽可能地对八廓街的店铺做一个客观的评价，请在相应的分值上画"√"。

1 ~ 5 表示的含义分别是：

1. 非常不同意　2. 不同意　3. 不确定　4. 同意　5. 非常同意

1. 对自己的经营收入比较满意

　　　　　　　　　　1　　　2　　　3　　　4　　　5

2. 如果有可能的话，我愿意一直在这里经营

　　　　　　　　　　1　　　2　　　3　　　4　　　5

3. 这里的经济活动主要靠寺院旅游带动

　　　　　　　　　　1　　　2　　　3　　　4　　　5

4. 主要经营宗教纪念品和宗教用品

                         1   2   3   4   5

5. 主要消费者是游客

                          1   2   3   4   5

二、您认为对于进一步提高收入，所面临的困难是什么？

1~5 表示的含义分别是：

1. 非常不同意　2. 不同意　3. 不确定　4. 同意　5. 非常同意

1. 竞争激烈，收入偏低

                        1   2   3   4   5

2. 经营缺少特色，同质问题突出

                        1   2   3   4   5

3. 服务设施（包括道路、厕所等的建设等）不够完善

                        1   2   3   4   5

4. 政府对八廓街旅游投入方面（如对外的宣传、基础设施建设等）还不够

                        1   2   3   4   5

5. 上缴各种费用过高，影响积极性

                        1   2   3   4   5

6. 来自寺院内部的竞争

                        1   2   3   4   5

7. 旅游季节性明显，收入很不稳定

                        1   2   3   4   5

三、对于未来您的发展，您认为下列因素将有多大程度的影响？

1~5 表示的含义分别是：

1. 无影响　2. 基本无影响　3. 不确定　4. 有所影响　5. 有影响

政府、寺院等外在方面的行为：

1. 旅游政策的影响

　　　　　　　　　　　1　　　2　　　3　　　4　　　5

2. 旅游宣传的力度

　　　　　　　　　　　1　　　2　　　3　　　4　　　5

3. 基础设施的建设

　　　　　　　　　　　1　　　2　　　3　　　4　　　5

4. 政府的适当补贴

　　　　　　　　　　　1　　　2　　　3　　　4　　　5

5. 对商业街进行合理的规划与布局

　　　　　　　　　　　1　　　2　　　3　　　4　　　5

6. 寺院旅游游客的多少

　　　　　　　　　　　1　　　2　　　3　　　4　　　5

店铺自身方面的行为：

1. 店铺的口碑好坏

　　　　　　　　　　　1　　　2　　　3　　　4　　　5

2. 旅游商品是否开过光

　　　　　　　　　　　1　　　2　　　3　　　4　　　5

3. 旅游商品的宗教意义

　　　　　　　　　　　1　　　2　　　3　　　4　　　5

4. 物美价廉、物有所值

　　　　　　　　　　　1　　　2　　　3　　　4　　　5

5. 店铺的位置，离寺院的远近

　　　　　　　　　　　1　　　2　　　3　　　4　　　5

6. 商品的民族特色

　　　　　　　　　　　1　　　2　　　3　　　4　　　5

7. 商品的西藏特色

1   2   3   4   5

8. 商品的纪念价值

1   2   3   4   5

9. 商品的收藏价值

1   2   3   4   5

四、您的基本情况

1. 怎么称呼您？　A 先生　B 女士

2. 您的年龄：A. 15 岁以下　B. 15～24 岁　C. 25～34 岁 D. 35～44 岁　E. 45～55 岁　F. 56～60 岁　G. 60 岁及以上

3. 您的民族：A. 藏族　B. 汉族　C. 其他民族

4. 您的信仰情况：　A. 藏传佛教　B. 无宗教信仰　C. 其他宗教（哪种宗教）_____

5. 您的年收入为：A. 5000 元以下　B. 5000～1 万元　C. 1 万～2 万元　D. 2 万～5 万元　E. 5 万～10 万元　F. 10 万元以上

6. 您的学历：A. 小学及以下　B. 初中　C. 高中/中专/技校　D. 大学专科　E. 大学本科　F. 硕士及以上

7. 您以何种形式参与旅游经营活动？（可多选）A. 开旅馆　B. 开餐馆　C. 经营旅游交通　D. 超市等零售食品　E. 旅游纪念品　F. 承包一些旅游活动的经营权　G. 其他

8. 您所在的省区：A. 西藏　B. 青海　C. 四川　D. 云南　E. 河南　F. 陕西　G. 甘肃　H. 其他

问卷三：社区居民对寺院旅游的态度和感知调查

您好！

我们是中央民族大学的课题调查者，正在进行关于西藏寺院旅游收入在以寺养寺中的作用的调查。您的参与代表着关心西藏发展的许多人，非常感谢您的参与。

一、对寺院旅游的感知和态度

　　　　1 非常不同意　2 不同意　3 不清楚　4 同意　5 非常同意

1. 您对开展寺院旅游的态度

　　　　　　　　　　　　　1　　　2　　　3　　　4　　　5

（您认为开展寺院旅游好不好，支持与否）

2. 寺院旅游带来经济收益

　　　　　　　　　　　　　1　　　2　　　3　　　4　　　5

3. 寺院旅游对僧人的修行有不好的影响

　　　　　　　　　　　　　1　　　2　　　3　　　4　　　5

4. 寺院旅游导致信众的信仰下降

　　　　　　　　　　　　　1　　　2　　　3　　　4　　　5

5. 对参与寺院旅游的收入满意

　　　　　　　　　　　　　1　　　2　　　3　　　4　　　5

6. 您认为寺院旅游收入主要被哪些团体或个人获得了？（可多选）

A. 政府　B. 寺院　C. 居民　D. 外来的商人　E. 其他

二、寺院旅游带来的影响

　　　　1 非常不同意　2 不同意　3 不清楚　4 同意　5 非常同意

1. 增加就业机会

                    1   2   3   4   5

2. 提高了人们的商品意识

                    1   2   3   4   5

3. 增加了个人和家庭收入

                    1   2   3   4   5

4. 改善了交通、通信、服务设施条件

                    1   2   3   4   5

5. 增加居民与外界的交往，扩大眼界

                    1   2   3   4   5

6. 对居民的关系产生影响

                    1   2   3   4   5

（过于看重经济利益，缺少了情感）

7. 寺院旅游导致物价上涨

                    1   2   3   4   5

8. 寺院旅游导致交通拥堵

                    1   2   3   4   5

9. 寺院旅游导致居民生活环境下降

                    1   2   3   4   5

（嘈杂、卫生水平下降、不安全）

10. 对藏民族文化带来影响

                    1   2   3   4   5

11. 寺院旅游导致贫富差距加大

                    1   2   3   4   5

12. 旅游业所带来的利益分配是合理的

                    1   2   3   4   5

三、参与寺院旅游情况和支出

1. 您对参与寺院旅游的态度

A. 很不愿意　B. 不愿意　C. 不清楚　D. 愿意　E. 很愿意

2. 您或家人参与寺院旅游活动情况（经营家庭旅馆、搞运输、卖纪念品、搞餐饮、导游等）

A. 参与　B. 没有

3. 您或家人参与哪些寺院旅游活动？

A. 经营家庭旅馆　B. 搞运输　C. 卖纪念品　D. 导游　E. 搞餐饮　F. 在寺院（卖票、打扫卫生等）

4. 寺院旅游收入的主要支出情况

A. 生活费（吃饭）　B. 盖房子或买家具　C. 供孩子上学 D. 储蓄　E. 买保险　F. 看病　G. 买牛羊　H. 其他

5. 参与寺院旅游的主要困难是什么？

A. 缺少资金　B. 不知道经营什么　C. 不懂得经营或服务的方法　D. 担心会赔本　E. 认为很丢人　F. 其他

6. 希望政府在哪些方面给予支持？（多选）

A. 资金投入　B. 培训　C. 优惠政策　D. 提供条件（设施、场地）和保障　E. 加强管理

四、您的基本情况

1. 怎么称呼您：A. 先生　B. 女士

2. 您家与寺院的距离为：A. 周围　B. 比较远但是在本市或本县　C. 其他市县　D. 外省

3. 您的年龄：A. 15 岁以下　B. 15～24 岁　C. 25～34 岁 D. 35～44 岁　E. 45～55 岁　F. 56～60 岁　G. 60 岁及以上

4. 您的民族：A. 藏族　B. 汉族　C. 其他民族

5. 您的信仰情况： A. 藏传佛教 B. 无宗教信仰 C. 其他宗教（哪种宗教）_____

6. 您家庭目前的主要收入来源是：A. 种植 B. 养殖业 C. 工资 D. 旅游业服务业 E. 其他

7. 您的年收入为：A. 2000 元以下 B. 2000～5000 元 C. 5000～8000 元 D. 8000～12000 元 E. 12000～16000 元 F. 16000 元以上

8. 您的学历：A. 小学及以下 B. 初中 C. 高中/中专/技校 D. 大学专科 E. 大学本科 F. 硕士及以上

9. 您的职业：A. 学生 B. 农民（牧民） C. 公务员 D. 教师 E. 工人 F. 自营业主 G. 其他

访谈提纲（一）

一、寺院的旅游收入情况

1. 近些年游客数量在什么规模？较 2006 年青藏铁路开通前增长多少？

2. 寺院收入中旅游收入占多大比重？较青藏铁路开通前增长多少？

3. 主要的旅游收入来源是？（门票、停车收费、旅游服务、旅游纪念品、游客布施等）各占多大比重？

4. 门票价格合理吗？若是不合理，您觉得多少比较合适？现在一年的门票总收入是多少？这几年门票收入增长得快吗？涨幅是多少？

5. 对旅游收入满意吗？是否希望有更大的增长？

二、旅游收入的支出情况

1. 旅游收入主要用于哪些方面？各占比重？

（1）寺院的维护和文物的保护；

（2）提高僧人的生活水平；

（3）改善僧人的学习和工作环境；

（4）慈善事业。

2. 旅游收入分配中遇到的主要问题

（1）上交政府的过多；

（2）僧人的生活费低；

（3）僧人之间差距大（资历差距、参与旅游服务与否）；

（4）用于设施和文物保护的数量不足。

三、寺院旅游的影响

1. 寺院旅游带动其所在地区经济的发展，表现在

（1）增加了就业机会，哪些就业机会（商品纪念品、寺院的服务、运输）？

（2）增加了政府的税收。

（3）增加了居民的收入。

（4）增加寺院的收入。

2. 对寺院产生不利影响，最大影响是什么？

（1）青年僧人信仰的坚定性。

（2）僧人行为上的改变。

（3）寺院环境的变化，拥挤、喧闹、对设施和文物的破坏。

（4）旅游经济收入与旅游负面影响相比，哪方面作用更大？

（5）寺院旅游对周围居民有负面影响吗？主要在哪些方面？

（6）寺院旅游的负面影响是否会引发寺院与居民的矛盾？

（7）解决与居民矛盾的主要方法是什么？（社区参与）

（8）您认为居民有参与寺院旅游管理的权利吗？

四、对寺院旅游的期望

1. 进一步扩大寺院旅游规模，增加收入。

2. 增加旅游活动内容，增加收入。

3. 控制旅游规模，提高门票价格。

4. 减少政府税收部分。

5. 政府给寺院旅游管理更大的自主权。

6. 增加政府的投入，用于服务设施的建设和完善，导游讲解水平的提高。

7. 增加居民的参与。

8. 为居民提供更多的就业机会。

五、寺院的基本情况

1. 本寺的僧人共有多少人？

2. 每人每个月的生活补助是多少？分了几个等级？

3. 本寺的寺庙管理委员会共有多少人？有专职的财会人员吗？财务公开吗？

4. 本寺开发了哪些旅游项目？

5. 有多少僧人直接参与到了旅游服务中（如旅游接待、门票售卖、旅游商品售卖等）？

6. 寺院旅游项目中哪种服务的收入最高？大概是多少？收入较少的项目是哪些？为什么收入少？如何改善？

7. 什么时候开始收取门票？涨过几次价？现在多少钱？

8. 旅游商品一年的收入能达到多少？

9. 本寺有无寺属宾馆、寺属藏医院、寺属商店、寺属香料厂等？若是有，这些都是本寺自养收入修建的吗？

访谈提纲（二）

一、寺院的基本情况：2011～2012 年

1. 僧人数量

2. 寺院的收支情况（收入由哪几部分组成等）

3. 寺院的管理（寺管会的构成、管理的内容，特别是财务管理）

二、寺院收入分配情况

4. 日常的开销（主要是僧人的收入）

5. 雇的工人（数量、工作内容、收入）

6. 公益事业

三、寺院的分配方式

7. 等级制

8. 工分制

9. 等级加工分制

四、目前寺院分配方式的利和弊

10. 僧人最满意的方面

11. 僧人最不满意的方面

12. 寺院管理最有利的方面

13. 寺院管理存在的主要问题

五、对寺院收入分配的建议

访谈提纲（三）

旅行社访谈问卷

一、西藏寺院旅游在整个旅游产品收入中占的比重（收入的总额度大概为多少）？

二、旅行社的收入来源是哪些：游客、景区，或者还有其他方面？

三、旅行社在寺院旅游中的主要收入（门票提成、导游等）？

四、在寺院旅游中，旅行社遇到哪些困难和问题（主要是收入方面）？

五、旅行社希望如何解决这些问题（他们的建议）？

参考文献

陈传康等：《宗教旅游及其政策研究》，《北京旅游》增刊，1988。

李悦铮：《我国区域宗教文化景观及其旅游开发》，《人文地理》2003年第3期。

王亚欣：《宗教文化旅游学》，中央民族大学出版社，2014。

王亚欣：《宗教文化旅游与环境保护》，中央民族大学出版社，2008。

王亚欣：《当代藏传佛教文化旅游研究》，经济管理出版社，2012。

杨继瑞、曹洪：《对西部地区发展宗教旅游的思考》，《宗教学研究》2004年第3期。

班班多杰：《藏传佛教大小五明文化》，《中国宗教》2003年第11期。

叶小文：《与时俱进话宗教》，《中国宗教》2001年第6期。

夏梦：《佛教寺院经济运作过程中的经营问题研究》，《长沙大学学报》2010年第4期。

梁艺桦、杨新军：《区域旅游竞合博弈分析》，《地理与地理信息科学》2005年第3期。

梅进才：《中国当代藏族寺院经济发展战略研究》，甘肃人民出版社，2000。

　　吴必虎：《区域旅游规划原理》，中国旅游出版社，2001。

　　杨辉麟：《西藏佛教寺庙》，四川人民出版社，2003。

　　高科：《我国宗教旅游利益相关者及其协调机制初探》，《广西民族研究》2010 年第 3 期。

　　牟钟鉴：《宗教、文艺、民俗》，中国社会科学出版社，2005。

后　记

本书是在国家社科基金"西藏历史与现状综合研究项目"研究报告的基础上，修改、完善而成，前后历时 5 年的时间。

旅游活动的综合性，导致寺院旅游的经营管理涉及多个利益主体。其中核心利益主体包括：寺院、寺院所在社区及其居民、旅游企业（旅游商品经营、旅行社、饭店、旅游交通等）、游客、地方政府等。寺院作为宗教组织、宗教活动场所、旅游景点，对其监督管理涉及民族宗教局、文物局、文化局、旅游局、工商局等诸多行政部门。

为了对西藏寺院旅游的发展现状、寺院旅游的利益相关者的收入情况和满意度等问题有更加全面、客观的认识和把握，课题组先后于 2012 年、2013 年分别到西藏的拉萨、日喀则两地进行实地考察、调研。采取深度访谈、问卷调查等方法获得大量第一手资料和数据。先后对西藏自治区和拉萨市的民宗局、文化局、文物局、旅游局等相关管理部门进行调研；对大昭寺、小昭寺、扎什伦布寺等13 个主要寺院进行考察、调研；对大昭寺周边的八廓街道办事处及所辖的社区居委会进行调研；对大昭寺周边的旅游纪念品经营者进行深度访谈；随机抽取西藏 3 家旅行社，对导游进行了访谈。为了全面、客观地认识和把握大昭寺周边社区居民、八廓街的商品经营者的收入情况和满意度以及游客对大昭寺旅游的满意度，课题组对八廓街道办事处下属的社区居民、八廓街周围的店主和摊主、大昭寺的游客进行了问卷调查，共计发放问卷近1000份。

在考察调研过程中，我们不仅克服了高原反应、饮食不习惯以及感冒、肠炎疾病等生理问题，而且克服了语言障碍和调研中的诸多难题。这对我本人而言，不仅是一个锻炼和提高学术能力、学术水平的过程，也是全面、综合考验我的沟通能力和身体素质的过程。回顾这一历经艰苦而又难忘的过程，我不禁想起那些曾经给予我诸多鼓励和帮助的人。为此，在本书即将出版之际，我真诚地对在课题申报、考察调研、报告撰写中，一直关爱、支持和帮助我的各位领导、同人、朋友和学生表达最真诚的谢意！特别要对李曦辉教授、苏发祥教授、扎洛教授、李俊清教授，对被调查的西藏寺院的寺管会领导和僧人，对一直跟随我进行西藏调研、数据分析的爱徒李泽锋，参与课题调研的陈琦、袁媛、罗桑开珠及诸多藏族学生表示最衷心的感谢！

最后，还要对长期支持我坚持走科研道路的我的先生和儿子表示最衷心的感谢！

图书在版编目（CIP）数据

西藏寺院旅游收入分配机制研究 / 王亚欣著. -- 北
京：社会科学文献出版社，2020.6
　　西藏历史与现状综合研究项目
　　ISBN 978 - 7 - 5097 - 9260 - 5

　　Ⅰ.①西…　Ⅱ.①王…　Ⅲ.①寺院 - 旅游业 - 收入分
配 - 研究 - 西藏　Ⅳ.①F592.775

中国版本图书馆 CIP 数据核字（2020）第 078954 号

·西藏历史与现状综合研究项目·

西藏寺院旅游收入分配机制研究

著　　者／王亚欣

出　版　人／谢寿光
组稿编辑／宋月华　周志静
责任编辑／孙以年

出　　　版／社会科学文献出版社·人文分社（010）59367215
　　　　　　地址：北京市北三环中路甲 29 号院华龙大厦　邮编：100029
　　　　　　网址：www.ssap.com.cn
发　　　行／市场营销中心（010）59367081　59367083
印　　　装／三河市尚艺印装有限公司

规　　　格／开　本：787mm × 1092mm　1/16
　　　　　　印　张：15.25　字　数：196 千字
版　　　次／2020 年 6 月第 1 版　2020 年 6 月第 1 次印刷
书　　　号／ISBN 978 - 7 - 5097 - 9260 - 5
定　　　价／138.00 元

本书如有印装质量问题，请与读者服务中心（010 - 59367028）联系